旅のリピーターに捧ぐ！　食、伝統、自然、人情、
すべてが詰まった穴場スポットへ！

ほっこり、台湾レジャーファームの旅

はじめに

ガヤガヤ、ワイワイ、人とモノにあふれた、にぎやかで雑多な雰囲気の街……。
たくさんのおいしい食堂や屋台がいつもにぎわっている美食の宝庫……。
台湾を訪れたことがある人は、おそらく大部分の人がそのようなイメージを持っているのではないでしょうか？

しかし、台湾の魅力はそれだけではありません。緑に囲まれ、生き物が幸せに暮らす豊かな自然がたくさんあるのです。
そのような空間に身を投じ、ゆっくり、のんびり、まったり……そして楽しい時間を過ごす。
そんな贅沢を叶えてくれるのが、「レジャーファーム」です。

現地の伝統文化や人との触れ合いを楽しむのはもちろん、地産地消の旬の恵みをたっぷりといただく。「そこでしか味わえない」が目白押しです。またレジャーだから、何かしなければいけない、ということはありません。朝陽が昇る、夕日が沈む、満点の星が降り注ぐ、動物たちがそこにいる……。それが旅の喜びにつながるのです。

「台湾が好き」という日本人が増えています。都会的な旅もいいですが、レジャーファームに泊まり、今まで味わったことのない極上のひとときを過ごす、というプランはいかがでしょう。本書がそのお役にたてれば嬉しく思います。

台湾大好き編集部

目 次

はじめに ——————————————————— P.002

まずはじめに、レジャーファームって？ ——————— P.010

この本について ————————————————— P.011

行ってみたい、独断的レジャーファームセレクト16選！

No.01 ラブリーアニマルにくすっとなる。
「新光兆豐休閒農場」シンコンチャオフォン リゾートランチ ——— P.012

No.02 あこがれの阿里山に近づける宿。
「龍雲休閒農場」ロンユン レジャーファーム ——————— P.020

No.03 夢見る甘さのキンカン、パラダイス！
「橘之郷蜜餞形象館」アグリオズ ———————————— P.028

No.04 カントリーライフを満喫！ 丘の上の赤い屋根。
「香格里拉休閒農場」シャングリラ レジャーファーム ———— P.036

No.05 モリモリ楽しめる、オーガニックな田舎暮らし。
「頭城休閒農場」トウチャン レジャーファーム ——————— P.044

No.06 藍染の里で、野菜づくしのヘルシー祭り！
「卓也小屋」ジュオイエ コテージ ———————————— P.052

No.07 海抜1923メートルの山頂に泊まる！
「雪霸休閒農場」シェイパ レジャーファーム ——————— P.060

No.08 台北から直行、まったり牧場プチトリップ。
「飛牛牧場」フライング カウ ランチ ——————————— P.068

No.09 漢方＆愛情コスメの、花の園。
「花露休閒農場」フラワーホーム ———————————— P.076

No.10　俗世と隔絶した、夜空の世界。
　　　　「若茵農場」ローリンファーム ——————————— P.084

No.11　中央山脈の清水が育む、極上フルーツ。
　　　　「台一生態休閒農場」タイイー　エコロジカル　レジャーファーム ——— P.092

No.12　四面山々、忘我のほのぼのプチ秘境。
　　　　「三富休閒農場」サンフー　レジャーファーム ——————— P.100

No.13　おいでませ！　台湾コーヒーの里。
　　　　「仙湖休閒農場」フェアリーレイク　レジャーファーム ——— P.108

No.14　珍しい植物や鳥を満喫！
　　　　「南元花園休閒農場」ナンユエン　フラワーガーデン　レジャーファーム ——— P.116

No.15　激ウマ農家料理の夜と、パステルな朝。
　　　　「大坑休閒農場」ダーカン　レジャーファーム ——————— P.124

No.16　絶品！チョコと、エビと、海鮮と。
　　　　「福灣莊園」フーワンリゾート ——————————— P.132

レジャーファーム予約のコツ ————————————— P.140
知っていると便利な単語 —————————————— P.141

※本書に掲載している内容は、2015年12月末取材時のものとなります。とくに料金や交通機関の状況は変化があることもありますので、事前にご確認ください。料金はすべて元（台湾元）表記となっています。

※レジャーファームでは毎日、「DIY」と呼ばれるもの作り体験をはじめ、動物との触れ合い、フルーツ狩りなどたくさんのイベントが用意されています。本書でもたくさん紹介していますが、内容はその時々により変わりますので、事前に確認してください。

まずはじめに、レジャーファームって？

●大自然豊かな農場や牧場
レジャーファームは、台湾にある農場や牧場で、観光ができる施設のことです。日帰りで立ち寄って動植物と触れ合ったり、宿泊して大自然に包まれる時間を贅沢に味わったりと、近年、台湾のリゾートとして注目を集めています。

●オーガニック＆ヘルシーなグルメ
基本的に地産地消を心がけた地元のめぐみたっぷりの料理の数々は、ファームやファーム契約農家が愛情を込めて丁寧に育てたオーガニックな果物や野菜、家畜たちから生まれる。自然に近い場所だからこそ味わえるとっておきのグルメです。

●伝統や土地の文化に触れる場所
たとえばスカイランタンを作って揚げる、夜市でおなじみの愛玉ゼリーを野生の愛玉から手作りしてみる、昔懐かしい凧の色塗りとそのあとの凧揚げといった台湾ならではの伝統文化体験はもちろんのこと、地元名産フルーツを使ったビネガーやピザ作り、港で採れた魚介をチョコレートに!? など、さまざまな文化を体験することができます。

●フルーツの里で、旬をめいっぱい味わえる
台湾といえば、果物パラダイスでもあります。四季折々の手頃で質の良い果物……春はモモ、スモモ、夏はマンゴーにライチ、秋はブンタンにブドウ、冬はシャカトウ、オレンジなど、少なくとも毎年40種類以上の果物が台湾各地でたわわになり、その美しさ、みずみずしさといったら！ そのまま食べてもジュースにしても、南国らしい太陽の恵みが凝縮された宝石たちに、心も体も喜ぶこと間違いなし！

●バラエティ豊かな宿泊施設も注目
いまでは年30万人以上の人がシンガポール、マレーシア、香港など海外から訪れています。広大なファームに併設された宿泊施設はロッジ風の落ち着く佇まいであったり、ホテルを思わせる重厚さがあったり、シンプルライフを極めた簡素な部屋であったりといろいろ。そのさまざまなテイストも宿泊客から支持を得ています。窓から絶景を望む部屋も、自然の中にあるからこその特典。

ほかにも魅力盛りだくさん！

この本について

　この本では、超独断でセレクトしたおすすめしたいレジャーファーム16をご紹介。完璧なクオリティを求めるところ、逆に"完璧じゃない"ところが愛おしいところ。なにに重きを置くかによって選ぶファームも変わってくる。なかには相当な「楽しむ力」が必要な上級者向けファームもある。けれども、それも許せてしまう、むしろ楽しい気がしてしまうのは、もう何度目の台湾だから？　そんな何度目かの台湾旅リピーターにこそぜひ行って欲しいマニアック＆とっておきファームが盛りだくさん！　チャレンジする？　しない？　とにもかくにも、ファームセレクトの幕開けです！

ではいざ、行ってみたい、レジャーファーム

おすすめ16選！

ラブリーアニマルにくすっとなる。

懸命に食べ物を洗っていたアライグマたちが、あれよあれよという間に鉄棒渡りを開始。ヨタヨタおぼつかない足取りで、ゆる〜い感じで渡っていく。かわいすぎる！

新光兆豐休閒農場

シンコンチャオフォン　リゾートランチ

01 新光兆豐休閒農場

ファームは広々としていて、そこに佇む建物も美しい。まるでヨーロッパの貴族の館のような……歩くだけで少しリッチな気分になれる。

前ページで鉄棒渡りをする前のアライグマたちの姿。こんなに必死に洗っていたのに、係の人の号令でヨイヨイと動き出す。働くアライグマたちの健気さにキュン。

左上／「なんだよ……」とやさぐれた表情がキュートなサル。　右上／温室ならぬ「鳥室」に入って、ごく近くでいろいろな鳥を見られる場所も。違う種類の鳥たちが仲良く雨宿り。　左下／旬の地の素材をたっぷり使った料理は、ワイワイ賑やかな大レストランでどうぞ！　右下／インコおじさん。1日2回、肩に（もちろんインコを）乗せて写真撮影するチャンスあり。

01 新光兆豐休閒農場

山中の大自然！　きれいな空気、緑、敷地はなんと200万坪もあり、園内のさまざまなエリアを巡るだけで一日たっぷりと遊べる広さ。アクティブな場所、のんびりできる場所など、盛りだくさん。

広々とした部屋は木の風合いを生かしたナチュラルテイストがベース。泊まるエリアによってスタイルが違うので、それも楽しみの一環。

ファームにあるホテルのロビーは落ち着いたクラシカルな印象。ヨーロッパ風だったり、東南アジア風だったり、建物それぞれに違ったスタイルでそのバラエティも楽しさのひとつ。

01 新光兆豐休閒農場

　遠くに連なる山々、青空を映す大きな池、心地よい風——美しい大自然の中で、チャーミングな動物たちとのユルい癒しの時間を楽しめるのがここ「新光兆豊」リゾートだ。200万坪ととにかく広大な敷地には、さまざまな動植物たちが待ち受ける。一見単なる巨大な動物園のようだが、よくよく見てみると、なんだかどれもちょっとくすっとなる愛らしさが潜んでいる。それは台湾の空気感のなせるワザなのか、それとも旅特有の高揚した気分によるものか……とにかくホンワカするからたまらない。

　抜群の自然環境と思いきや、実は元々、ここは石ばかりの不毛の土地だった。それを「すべての人に花蓮を好きになってほしい」という熱い思いで、創始者である呉家録さんが長い年月をかけて緑の大地へと生まれ変わらせた。始めはできるわけがないと、人々に笑われたという。だがたゆまず30年以上かけてこの楽園を築き上げた。そのスピリットは現在の社長やスタッフたちに引き継がれ、その本質は今も変わらない。だからこそ「地産地消」にもこだわる。特に牧場で採れる牛乳は品質の高さが自慢だ。

　台湾きっての人気観光地である花蓮から車で40分ほどと近いので、花蓮観光のスパイスに新しくこの場所を加えてはいかが？

Model course こんなコースで巡ってみる！？

1日目

▶ 11:00すぎ

台鉄「台北駅」から鉄道で「花蓮駅」を目指す。自強號(ツーチャンハオ)なら約2時間の道のり。台北駅で駅弁を買って乗り込もう！

▶ 13:30ごろ

「花蓮駅」到着。予約してあったシャトルバスに乗り込む。花蓮駅から新光兆豊までは約40分。手洗いなどは済ましておきたい。

▶ 14:10ごろ

現地に到着。チェックインは15時からなので、まずは荷物をロビーで預けて園内を回りたい。園内はかなり広大にて自転車レンタルがおすすめ。ママチャリ(華語では淑女車という表記！)だと150元～で一日借りられる。電動や4人用などもあるのでお好きなものを。巡回バスもあり。

▶ 16:00ごろ

ちょっと休憩。芝生の上で寝転ぶか、それともロビーに帰って横のカフェでミルクアイス＆プリンを堪能しよう。そして夕食前に部屋に入り、しばし荷物整理と一息。

▶ 18:30すぎ

待ちに待った夕食。ここのディナーは花蓮の食材を原住民的な調理法でいただく、地元ならではの料理が主体。薬膳ジャガイモと豚足や地鶏の炒めものなど、季節ごとの味が楽しめる。メニューは人数によって変わる(400元＋10％／名)

▶ 21:00すぎ

食後少し休んだら、台湾式の温泉へGO。水着を着て入る温泉は温水プールのような感覚。けれどもれっきとした温泉だ。水着は現地でも売っているので、あえて現地購入して思い出にしてもいいかも。

▶ 22:00すぎ

南国らしい夜風にあたりながら温泉から部屋まで散歩がてら帰る。星がきれい。疲れを全部落として、あとは眠るだけ。

2日目

▶ 08:00

朝ごはんをゆっくり食べて、のんびり気分に浸る。

▶ 10:00

1日2回ある、アライグマに餌をあげるイベントに参加。直接アライグマたちと触れ合って心ほっこり。その後続けて近くでインコを肩に乗せて写真撮影イベントも行われるので、ついでに寄り道。インコ、結構重い！

▶ 11:00

チェックアウト。荷物を預けて園内に残って自然を楽しむもよし、シャトルバスで花蓮駅に行くのもよし。

▶ 12:00

花蓮駅到着。駅で荷物を預けて花蓮観光に出発！見どころは海がきれいな「七星潭」。急に深くなる海なので泳ぐことは厳禁だが、海辺を散歩するだけで心地よい。飛行場が近いので頭上を何度も飛行機が飛んでいく。

丘の上にある「松園別館」も見晴らしがよくておすすめ。ここは日本統治時代の古い建物を見ることができ、その意味でも貴重。

夜までいることができたらぜひ夜市へも！　地元の人は断然「自強夜市」がいいよと勧めてくれた。小さいながらローカル感たっぷりで楽しい。人気店は行列が目印。

もし昼時に花蓮を離れるようならば、電車のお供には花蓮駅でしか購入できない駅弁をどうぞ！　花蓮の恵みがギュギュっと詰まった人気の一品。改札外の出店で販売。これと同じく駅舎内のショップで売っている名物の麻糬(甘いモチ)をおやつに買って、電車に乗り込みたい。

こんなところも要チェック！ **More must!**

01 新光兆豐休閒農場

旬を凝縮した料理は、どれも素朴ながら台湾らしい味わい。地のものを生かしたここだけのメニューに箸が止まらない。コースは基本的にお任せとなるので、お楽しみに。

夕食時はこのにぎわい！ 大きな食堂で宿泊客たちが一堂に食事を始める様は、もはや壮観。雑多でガヤガヤした雰囲気がファームの繁盛ぶりを表しているかのようだ。

果樹園も内包しているので四季折々のフルーツが楽しめる。秋冬はこの「糖橙」という柑橘が旬だった。無農薬栽培。皮が薄くて爽やか。

ミルクアイス（50元）はまったり濃厚。ミルクプリン（50元）はプルプル柔らかでババロアのような口当たり。大きいのでシェアして楽しんでも。冬でも食べたいおいしさ。

二指山の水脈を源泉とした温泉は、日本から招いた専門家が2カ月かけて掘り当てたものだそう。体が芯から温まったら、冷えた濃厚牛乳で〆！

園内には牧場もあり、のどかな風景が見られる。ここの牛乳は台湾三大ブランドと称されるミルクメーカーに卸すほど質が高いので、牛乳商品は必ず食べておきたい。

データ **Data**

新光兆豐休閒農場
SHIN KONG CHAO FENG RESORT RANCH
シンコンチャオフォン　リゾートランチ

花蓮

花蓮縣鳳林鎮永福街20號
TEL：+886-3-8772666
Eメール：skcf1973@mail.skcf.com.tw
http://www.skcf.com.tw/（日本語あり）

参考価格：ダブルルーム3,800元～（朝食、露天温泉、遊園区チケット付き。ただしピーク時は変更あり）。
チェックイン：15:00　　チェックアウト：11:00

アクセス：
○台鉄「花蓮駅」からシャトルバスあり。100元／名。利用の2日前までに要予約。
○2016年4月現在の最寄駅は台鉄「鳳林駅」だが、2017年にはファームの入り口目の前に新しく「林榮駅」が完成予定。そうすれば電車がもっとも便利な交通手段になる。

※温泉は14:00～22:30で使用可能（宿泊者以外はチケット250元で14時から使用可能）。水着着用は必須のこと。

※花蓮駅発のシャトルバスは、1日6回。10:20開始で、1時間に1便。現地から花蓮駅行きは10:10を先頭に1時間に1便出ている。

19

あこがれの阿里山に近づける宿。

標高1,500メートル、朝霞ににじむ山々に囲まれた茶畑。阿里高山茶といえば台湾でも名高い銘茶だ。美しい緑の絨毯。この景色が飲むお茶をさらにおいしくしてくれる。

龍雲休閒農場

ロンユン　レジャーファーム

02 龍雲休閒農場

宿からすぐ近くにある自然歩道は、森林の中を行く道。うっそうとした背の高い木々に包まれて心癒される。ムササビやフクロウも住んでいるとか。早朝の散歩がすごく気持ちいい！

薄明かりにほのかに照らされた宿泊施設の外観。山中の大自然のなかにありながら、モダンかつシンプルで泊まり心地も快適だ。

部屋一面の大きな窓は開放感がスゴい！　夜明け、夕暮れ、夜空、移り行く空と山の様子を贅沢に独り占めできるとっておきの空間。

02 龍雲休閒農場

山の上にあるファームだからこそ望める、雲の上からの朝陽。阿里山の日出は観光名所として人が押し掛けているが、ここならゆったりとこの美しさを楽しむことができる。

茶畑横にかわいい水色の小屋。ちょっとした風景もキュンとくる。カメラ片手に散歩をするのもワクワク。時間を忘れて小さな探検が楽しめる。

夕食は地のものたっぷりの素朴な料理。旬ど真ん中の食材ばかりで、食べていると体が喜ぶような感覚が味わえる。　左上／テンプラの中身はツワブキ！　クッキーのようにサクッとした食感で、ほのかな甘さがくせになる。　右上／ソーセージも自家製。生ニンニクのスライスと共に。ガツッとくるダブルパンチ！　中段左／この辺りはタケノコの名産地でもある。新鮮なタケノコはぜひ味わいたい。中段右／山で放し飼いにしている黒ブタ煮込み。　下／サヤエンドウ炒めは歯ごたえがキュキュッと心地よい。柔らかな味にホッとする。

02 龍雲休閒農場

　台湾きっての人気スポット、阿里山森林鉄道。ゴンゴンと座席を震わせながら力強く山を登っていく高山鉄道は、誰もが一度は乗ってみたいと言わしめるものだ。そして名物駅弁がある場所として脚光を浴びるその途中駅「奮起湖駅」から車で約10分の場所に、「龍雲レジャーファーム」はある。そこはまさに森林に包まれた別世界の宿。

　「ここは豪華なホテルでもないし、金山や銀山でもない。けれども広大な山林があり、泉があり、美しく漂う霧や霞があり、紅に輝く夕日、夜空に輝くたくさんの星がある」というのが誇りだ。オーナーである鄧雅元さんはこの土地を受け継ぐ6代目。元々は烏龍茶農家だったという。脈々と代が続くことを示すように、敷地の片隅には台湾の伝統的な平屋が古い姿のまま残っていた。

　宿の周りには5本の遊歩道があり、土を踏みしめながら緑の中を散歩できる。遊歩道といってもほぼ森林。草木が生い茂る。朝日が昇るか否かの時間に行くと、遠くで不思議な鳥の鳴き声。暖かい季節でも標高が高い分かなり寒いが、澄んだ空気が気持ちがよい。夜には宿主催のナイトハイクもあり、星空好きはこれに参加するのもありだ。しかも蛍が20数種類も生息していて季節がよければそれらの舞が見られるとか。阿里山や前述の奮起湖駅にも連れて行ってくれるので、この辺り一帯を満喫し尽くすにはもってこいの宿だ。

Model course こんなコースで巡ってみる!?

1日目

10:00

台鉄「台北駅」から鉄道で「嘉義駅」まで。自強號で約3時間半。昼を挟むので台北駅で駅弁を買っておくと安心。

13:30ごろ

「嘉義駅」到着。目的の「奮起湖駅」行のバス停をまずはチェックしに行く。直通バス発車まで時間があるので駅前散策。嘉義は鶏肉飯が名物なので、おやつ代わりに食べてもOK。駅近くのロータリーには映画『KANO』を思い起こさせる野球選手の大きな像がある。駅舎も面白いデザイン。

阿里山森林鉄道の切符窓口。席数が少なく人気で購入は至難のワザだ。16時に窓口が閉まると翌日の残席状況が張り紙されるので、一か八か賭けてみるのもありかも!?ただし片道約2時間あるので座席なしはキツイ。

15:10ごろ

「奮起湖駅」直通のバス発車。くねくね山道を2時間ほど行くので酔いやすい人は酔い止め薬と水を準備しておきたい。

17:00ごろ

「奮起湖駅」到着。宿の人の迎えを待つ。送迎車で宿へ!

17:30ごろ

宿へ到着。チェックインを済ませてまずは部屋へGO。お湯を沸かして部屋にある阿里山茶を入れて、ホッと一息。

18:30ごろ

地の恵みをふんだんに使った夕食を食べる。食堂はワイワイ賑やか!山を走り回っていたトリやブタは締まっていて美味。野菜も新鮮で箸が進む。

20:00ごろ

お腹いっぱいになったあとは、宿主催のナイトハイクへ参加。真っ暗な森の中をドキドキ進む……。ふと空を見上げると星がきれい。夜だからこその自然の美しさに触れる。

21:30ごろ

早めにお風呂に入って大きなベッドにごろんと寝転ぶ、至福のひととき。こうなったら早く寝るぞ!と思いつつ、しばしのプライベート星空観測に夢中になる。

2日目

夜明けごろ

ご来光を見るため早起き。宿すぐそこの自然園へふらりと散歩、徐々に明るくなる空が植物を照らしていく。肌寒い空気が心地よい。鳴いているのは何の鳥?そのまましばらく山歩き。ただし足元には気を付けて。

08:00

ビュッフェ形式の朝食を取る。台湾らしいメニューのほかに、パンなどもあり。パッションフルーツジュースがフレッシュでおいしい。もりもり食べて健康的!

10:00

まだチェックアウトまで時間があるので、さてどうしよう。阿里山へは車で片道50分ほどなのでそちらに行くのもいいが、ここは野牛の愛玉(アイイー)作りへ。

11:00

チェックアウト。宿の車で「奮起湖駅」へ。周辺観光のためまずは駅で荷物を預ける。身軽になって観光!奮起湖といえば名物の駅弁を食べずして帰れないということで、駅弁探し開始。

土産物店が並ぶ老街を冷かして歩く。ここはワサビの産地でもあるようで、店頭にはさまざまなワサビ商品が顔を見せていた。

17:00

嘉義行きの直通バスに乗り、帰路につく。嘉義着は19時ごろなのでそのまま台北に帰るか嘉義に泊まるか、お好みで。

こんなところも要チェック！ **More must!**

02 龍雲休閒農場

台湾の夜市でよく見かけるプルプルゼリー「愛玉」、ここでは野生の愛玉を使って自分で手作りできる。よ～くよく3分ひたすら揉み込むべし！　成分が染み出したら色が変化し、そのまま常温で置いておくと固まる。このシンガポールから家族旅行で来ていた男の子はその日の唯一の成功者だったとか。お母さんが見守るなか、いい笑顔。野生の愛玉は口当たりが格別だ。

カボチャは日本のものと違ってホクホクというよりは、シャッキリとした歯触り。同じ野菜も微妙に味わいが異なって、それがなんとなく面白い。

朝露に濡れる山道脇の葉。薄暗い夜明けの光が緑をいっそう神秘的に見せる。薬用の植物区もあり、台湾の高山生態が豊富な場所でもある。

部屋タイプは数種類。こちらは比較的新しい2階建ての宿の部屋で、大きな窓は屋外にいるかのような解放感！

気さくでにこやかなオーナーの鄧雅元さん。ファームのこだわりや情熱を楽しげに語ってくれた。「皆さんを歓迎します」。

データ **Data**

龍雲休閒農場
Long Yun Leisure Farm
ロンユン　レジャーファーム

嘉義縣竹崎鄉中和村石桌1號
TEL：+886-5-2562216
Eメール：longyunfram@gmail.com
http://www.long-yun.com.tw/（日本語あり）

参考価格：ダブルルーム 3,000元～（朝食、夕食付き）
チェックイン：15:00　　チェックアウト：11:00

アクセス：
○台鉄「台北駅」から「嘉義駅」へ。「嘉義駅」から阿里山森林鉄道「奮起湖駅」下車。「奮起湖駅」へは「嘉義駅」から鉄道が出ているが、本数が少なく人気でチケットを取るのは難しい。バスの方が比較的便利。バスの場合は台鉄「嘉義駅」斜め向かいの県営バス停から乗る。7:10、15:10の2便は「奮起湖駅」直通。それ以外の場合は「石棹駅」まで行き乗り換えて「奮起湖駅」まで行く。
○「奮起湖駅」またはバス停「石棹駅」からは、予約すればファームの人が車で迎えに来てくれる。

※バスの時間は変動の可能性あり。詳しくは嘉義県公共汽車管理処（http://www.cybus.gov.tw/）や台湾好行（http://www.ali-nsa.net/Event/2013_AliTravel/index.aspx）のHPを。

※遅いチェックインになる場合は要連絡。宿泊者は農場開催のツアーコースに参加ができる。

台鉄 嘉義駅　　奮起湖駅

夢見る甘さのキンカン、パラダイス！

台湾のキンカン生産における約9割以上を占めているという宜蘭県。そんな宜蘭のフレッシュなキンカンを惜しげもなく使った商品の数々は、シンプルで素朴な優しい甘さ。

橘之郷蜜餞形象館

アグリオズ

03 橘之郷蜜餞形象館

店内はお洒落カフェ的なインテリアに空気感。キンカンだけでなく、さまざまなフルーツの砂糖漬けやドライもの、ビネガーなども手に入る。パッケージもかわいいのでお土産としてもナイス。女子なら必ず気に入るスポット!

黄色く艶めく小さなキンカンは、まるで宝石のよう。このキンカンパラダイスな店がある宜蘭郊外の山々では、秋の終わりから初春にかけてあちらこちらで美しいキンカンがたわわに実る。丹誠込めて生産される実の、ピュアな輝き。

ここではキンカンの砂糖漬けを作ることもできる。すてき台湾ガールも挑戦！ スタッフの説明を真剣に聞いてレッツトライ。キンカンと砂糖をシェイクする作業は結構大変だったので手助けしてくれた。う〜ん、ジェントルマン。

03 橘之郷蜜餞形象館

材料はキンカン、砂糖、塩だけとナチュラルシンプル。最後は好きな模様の布で蓋をして完成。手作りのキンカン砂糖漬けは、持ち帰って食べるごとに旅の思い出がよみがえる。こうした記憶のお持ち帰りも旅の楽しさ。

小ぢんまりした敷地なので、サラッと短時間で満喫できるのも旅ではうれしいポイント。奥には社会見学さながら窓から見学できる工場もあり楽しめる。手前のカフェでゆっくりティータイムをとれば、ホッと一息できる。

ワッフルにもたっぷりキンカンを添えてサーブ。甘酸っぱくジューシーなキンカンとワッフルの甘さがなんとも絶妙だ。ティータイムのお供に、小腹が空いたときのお助けに。量が多いのでシェアしてもいいかも。

03 橘之郷蜜餞形象館

「自分で食べたいと思うものだけを作る」。その信念を祖母の代から受け継いでキンカンに携わり30年。ここ「橘之郷」は現在、3代目となる若い林鼎鈞さん兄弟が盛り立てている。橘之郷がある宜蘭は台湾の東北部に位置し、なんと台湾のキンカン生産のおよそ9割を占めるというキンカン天国！ 晩秋から初春にかけて山々を埋め尽くす黄色い小さな果実たちは、砂糖漬けにされ台湾の人々のポピュラーなおやつとして愛されている。

そんな愛されおやつだけに多種多様な砂糖漬けが存在するが、ここの砂糖漬けはちょっと違う。防腐剤、化学調味料は一切不使用。塩水に浸けることで保存性を高め、そこからおよそ一週間かけてゆっくり、じっくり、砂糖に果実を漬け込むのだ。そうしてジワジワと果肉に浸透した砂糖の甘味が、キンカン本来の酸味と合体。得も言われぬ甘さと爽やかさの新たなる結晶となる。手間暇かかる作り方だが、おばあさんの信念を曲げることなく誠実に商品づくりに向き合っている。

ここには宿泊施設はない。が、宜蘭の町から車で15分ほどと行きやすい場所にあるので、台北からの日帰り旅行のコースとしてはもってこいだ。帰りは足湯スポットとして名を馳せる「礁渓」に寄り道すれば、より満喫度アップ！ 台湾らしく、クオリティの高い土産ものをお探しなら、ちょこっと足を伸ばしてでも訪ねてみたい。

Model course こんなコースで巡ってみる！？

1日目

9:00ごろ
台鉄「台北駅」から鉄道で「宜蘭駅」まで。自強號で約1時間半。昼前に着く。

11:30ごろ
「宜蘭駅」に到着。宜蘭の駅舎はレンガ造りで趣きがあり、駅周辺の建物もレトロなものが多い。しばしの街散策にGO！　昼食も済ませる。

駅の右手には長い回廊。そこには書店やカフェなど今どきな雰囲気のショップがチラホラ。駅を出てすぐにはトラベルインフォメーションセンターもあるので、まずはそこでマップや必要資料をゲットしたい。

そうかと思えば、どローカルな市場もちゃんと存在していてホッとする。生活用品店もよくよく見ると"かわいいグッズ"が潜んでいるのであなどれない。

かつての建物を大切に保管し公開している「宜蘭設治紀念館」は部屋や庭だけでなく、古地図などの資料も見ることができる。

14:00ごろ
宜蘭歩きを満喫したので、タクシーで「橘之郷」へ向かう。

14:30ごろ
「橘之郷」へ到着。キンカンの砂糖漬け作りにトライ！　15人以下の少人数なら事前予約なしで、現地申込でOKだ。所要時間およそ20分、150元／名。単なる物作りではなく、台湾の文化に触れられるひととき。

小腹が空いたのでカフェで休憩を。キンカンワッフルにホットコーヒー。洋風の中にも台湾らしさがあって大満足。そして肝心のお土産タイム！　キンカンケーキ、ドライキンカン……欲しいものがたくさん。

17:30
閉店にあわせて出発。タクシーは出発少し前に店の人に声をかけて呼んでもらうのがベター。「請幇我叫計程車、可以嗎？」（タクシーを呼んでいただけますか？）と書いて筆談しても。

18:00ごろ
温泉の町「礁溪」に到着。ここは無料の足湯があり、夜10時ごろまで解放されている。ゆっくり足を温めて旅の疲れを癒すことができる人気スポット。

サメの炒めもの、揚げモチ、カモ肉の燻製、トマトなど、おいしい名物が目白押し。宜蘭名産のブランドネギ「三星葱」を使った料理も外せない。これに冷えたビール、天国なり。

街中にある無料足湯がある公園は人でいっぱい。

22:30ごろ
鉄道で礁溪駅から台北へ。

こんなところも要チェック！ **More must!**

03 橘之郷蜜餞形象館

パイナップルならぬキンカンケーキ！パイナップルとキンカンを秘密の黄金比でブレンドした、爽やかで飽きない甘さ。ここならではのお土産としてイチオシ。箱売り、バラ売り共にあり。

ドリンクもいろいろ。周囲にはスモモやパイナップル、スターフルーツなども植えられているので時季によって旬のフルーツたちが待ち受ける。南国台湾の暑い気候のなかで、涼やかなのど越しに癒される。

酢とフルーツだけで作ったフルーツビネガーもおすすめ。手のひらサイズの小さな瓶なので少しずつ試したい人や、持ち帰りにも便利。かわいい小瓶は見た目もキュート。水やお湯割りでどうぞ。150元／瓶。

店いちばんのウリは、この琥珀のようなキンカンスイーツ。キンキンに冷やして食べると、心地よい冷たさと甘さにうっとり。ただし要冷蔵。買って帰ってホテルで食べるとか？　気になる存在。

データ **Data**

橘之郷蜜餞形象館
AGRIOZ
アグリオズ

宜蘭市梅洲二路 33 號
TEL：+886-3-928-5758
Eメール：orange.country@msa.hinet.net
http://www.agrioz.com.tw/

営業時間：08:30 〜 17:30（年中無休）
※宿泊施設無し

アクセス
○台鉄「台北駅」から台鉄「宜蘭駅」で「噶瑪蘭客運」というバス会社の「755」線に乗り、「橘之郷」で下車すぐ。タクシーなら宜蘭駅前から約15分、「礁渓駅」からは約20分。

※台北新光三越百貨・信義新天地 A11 館に支店あり。

カントリーライフを満喫！
丘の上の赤い屋根。

ヨーロッパ的な雰囲気を漂わせる建物は、赤い屋根や窓の作りがキュート。青空によく映えるエントランスの前で、記念写真なんていかが？

香格里拉休閒農場

シャングリラ レジャーファーム

04 香格里拉休閒農場

ファームから望む眺望。眼下には豊かな蘭陽平原が広がり、揺れるブランコや展望台のイスに座り、ひたすらぼーっと眺めているだけでとても心地がいい。ファームにはオレンジやグァバ、ドラゴンフルーツなど多様な果樹園がある。

ゆったりなにも考えないでトレッキングが楽しめる。それだけでもとても贅沢な気分になれる。山頂にあるので遮るものがなく、見上げればパステルカラーの明るい青空がスカッと広がり、その空色にも癒される。

オリジナル凧作りやスカイランタン、もちもち食感がおいしい団子・湯圓作りなど、伝統が味わえる体験も人気のコンテンツだ。凧作りはクレヨンで色塗りをして組み立てるだけだが、かなり夢中になる。しっとりとしたクレヨンの塗り心地にふと童心に返る。

凧が完成！ 他にも子どもが喜びそうな人形劇や電子三太子など、台湾の伝統を見たり体験することもできる。果物狩りをしたり、のんびりしたり。やること満載で退屈しない。

04 香格里拉休閒農場

左／おいしい食事もこのレジャーファームが人気の一因。しっかりと丁寧に作られた料理は見目も麗しく心躍る。　右／ファームの入り口には台湾の古くからの暮らしが見える道具がディスプレーされていて、雰囲気たっぷり。

客室にはところどころにヒノキを使っていて、一歩踏み込むと清々しい香りが漂う。部屋にいながら森林浴気分だ。木材は古い家屋のものを再利用したりとエコにも注力。浴室からの眺めも緑たっぷりで美しく、至極の時間を過ごすことができる。

座ってユラユラ、風を感じて、草原を見て、なにも考えない。絶景を楽しめるブランコに乗れば、ただそれだけでハッピーになれる。よく晴れた日は日傘か帽子必携。ついでにお気に入りの文庫本もいっしょにどうぞ。

04 香格里拉休閒農場

　丘の上にそびえたつ赤い屋根の館。おとぎの世界のような外観に心躍るこの場所は「シャングリラ レジャーファーム」と呼ばれるカントリーリゾートだ。自慢の果樹園では旬の果物狩りが楽しめ、散歩道からは広がる田畑を眼下に望む。夜には台湾伝統のスカイランタンや湯圓作りなどの体験と、自然と伝統文化を満喫しつつリラックスできるスポットとして人気を博している。

　しかしただのほんわかスポットではない。オーナーである張清來さんは「台湾レジャーファームの父」とも称される人物で、業界のパイオニア的存在としてちょっとした有名人。「台湾の農村文化を世界の人に体験してほしい」との熱い思いから、自身のファーム経営だけでなく後進の教育にも情熱を注ぐ。農村生まれ農村育ちで、その暮らしの大変さを身に染みて感じた張さんは、農家の地位の向上と都市に流出した若者に帰って来てもらえる故郷作りを目標に、レジャーファームという形態に乗り出したという。そして30年、たゆまぬ真摯な取り組みによって現在のシャングリラがある。

　そんな張さんがもっとも大切にするのは、温かいおもてなし。それを体現するようにスタッフはみんなフレンドリーでにこやかだ。台湾でもグルメな夜市として名高い羅東夜市にも近く、のんびりしたカントリーライフと雑多な街の空気が一挙に楽しめる。

Model course こんなコースで巡ってみる！？

1日目

▶ 12:00ごろ

台鉄「台北駅」から鉄道で「羅東駅」まで。自強號で約2時間。台北駅2階のフードコートなどで昼を済ませておこう！

▶ 14:00ごろ

「羅東駅」に到着。結構立派な駅舎で、駅前のロータリーから賑やかな印象の街。

▶ 14:20

羅東駅からシャングリラ レジャー ファーム行のシャトルバス発車。ファームまでは約30分の道のり。

▶ 15:00ごろ

ファーム到着、チェックインして部屋へ。少し休憩したらファーム満喫へGO。まずは自慢の果樹園で季節のフルーツ狩りを体験。南の島らしいグァバやドラゴンフルーツなど、季節によってさまざまなフルーツが。もぎたての味は格別！ 収穫の喜びと新鮮フルーツを味わった後は、園内を散歩。ここならではの見どころ、台湾の原生木である烏心石（フォルモサン・ミケリア）が7万株も植えられている林を歩いたり、絶景ブランコに座ってユラユラ休憩したり。

夕暮れの風景もきれい。ただ眺めているだけでときを忘れる。街歩きとは違った台湾の姿に、新たなる魅力発見。

▶ 18:00ごろ

ディナータイム。地の恵みを腕利きのシェフが仕上げたビュッフェは見目麗しくお味も上々。ビュッフェは380元／名。

▶ 20:00ごろ

豊富な伝統体験もこの宿のウリ。台湾に来たら一度はやってみたいスカイランタンに挑戦。願いを込めてテイクオフ！どこまで揚がるかドキドキ……。

▶ 21:00ごろ

ここからがお楽しみ本番。タクシーで羅東夜市へ。羅東夜市はうまいものが集う夜市として現地でも人気の高い場所だ。車で宿から30分ほど。タクシーを呼んでもらって出発。すでに夜市はにぎやか！おいしいものを食べたいという地元っ子たちの情熱は半端じゃなく、人気店は長蛇の列。

道幅が広いので歩きやすい。夜市は人と美食屋台がひしめき合う熱闘空間。

子どもに人気だった金魚すくい。絶対に破れない網ですくうとは、なんという安心感。

▶ 23:00ごろ

タクシーで宿へ帰る。お風呂に入って就寝。

2日目

▶ 08:00ごろ

朝もビュッフェスタイル。食後は巨大シャボン玉コーナーでひと遊び。このシャボン玉コーナー、実は密かな人気。

▶ 09:50ごろ

少し早目にチェックアウトし、シャトルバスで羅東駅へ。先に帰りの電車チケットを購入しておくと安心。荷物預かり所の「行李房」に荷物を預けて身軽になってから羅東の街歩きに。

▶ 12:30ごろ

羅東駅から電車で帰途につく。「福隆駅」に止まる電車を選べば、運がよければホームで販売している駅弁を買えるかも！

こんなところも要チェック！ **More must!**

04 香格里拉休閒農場

のどかな段々畑が美しい丘の上に、特徴的な赤い屋根が遠くからも見える。まるで人形でも住んでいそうなメルヘンチックな館がシャングリラレジャーファームの宿泊施設。

小さなおもちゃ作りなど、カンタンにできるメニューもさまざまある。昔ながらのおもちゃは単純な仕掛けで、どこでも遊べる作り。時間があればチャレンジしてみても。

周辺の農家と契約し、旬の野菜を取り寄せている。そうした野菜を使った漬物などのメニューはとくに自信あり。ランチのメインは豚肉の紅麹漬けグリルがいちばん人気。

美しい料理の数々は旬をたっぷりと取り入れたコースで堪能。地のものを、旬真っ盛りに楽しむ喜びはなにものにも代えがたい。季節によって変わる薬膳スープも滋味深い。

料理自慢でもあるシャングリラで、前菜を担当する阿生さん。真剣な目と手付き。メインシェフは毎年開催される美食節でトップ3に入った経験を持つ凄腕。納得のクオリティ。

データ **Data**

羅東駅

香格里拉休閒農場
Shangrila Leisure Farm
シャングリラ レジャーファーム

宜蘭縣冬山鄉大進村梅山路168號
TEL：+886-3-9511456
Eメール：s515736@ms33.hinet.net
http://www.shangrilas.com.tw/

参考価格：ツインルーム 4,000元〜（朝食、夜間もの作り＜スカイランタン（ランタン飛ばし）、湯圓作り、コマ大会など＞付き）
チェックイン：平日14:00、祝日週末15:00　チェックアウト：11:00

アクセス：
○台鉄「羅東駅」からシャトルバスあり。「羅東駅」発　10:20、14:20。ファーム発　9:50、13:40の毎日2往復。100元／名。3日前までに要予約。

モリモリ楽しめる、
オーガニックな田舎暮らし。

山間に突如出現する桃源郷的空間。大きな池を望む建物は客室。部屋のベランダから眺める、日が暮れた後の、真っ暗になる前のひとときがとてもきれい。

頭 城 休 閒 農 場

トウチャン レジャーファーム

05 頭城休閒農場

さまざまな動植物が共存する自然が、このファームを取り囲む。大地に学び、ともに生きる。ただ娯楽を求めるだけでないその信念に感じ入る。

夕食のバーベキューは道具をすべて借りられるので手ぶらで楽しめる。バーベキューと台湾の伝統料理で満足満腹なディナータイム！

豪快！ 屋外の窯で焼く手作りピザ。トッピングにはツナやチーズなどに加えて、ときに畑で採れたてのバジルやシャンチュン(中華食材で使われる木の葉)が並ぶことも。

ランタンには願いごとを書くのが慣例。他人の目は気にせず、自由に書いてみよう！ ランタンは四面あるのでそれぞれに違う願いごとを書いても、数人で寄せ書きにしてもOK。

05 頭城休閒農場

部屋は簡潔だが、それが山中の景色と相まってかえって気分を盛り上げる。心地よい素朴さが、このファームらしさ。

夕暮れ時のファームの様子。うっそうとした木々、涼しげな池、時間を忘れるつかの間のひととき。

山水が流れる渓谷。夏は川辺でお茶をしたり、スイカを冷やす天然の冷蔵庫として活躍。ただし時期により増水するので必ずスタッフに伝えてから行くこと。

オーナーである卓陳明さんが、レジャーファームを志したのはなんと40歳の誕生日の前日のこと。「まだ体力と気力があるうちにやらないと、いつやるの！」と腹をくくり、教職と縫製工場の経営で貯蓄した資金で思い切りよく山林を購入した。御年70を超えたいまも、体中から元気オーラを発しているとしか思えないパワフルさに圧倒される。ときに気まぐれ、それすらも"卓ママ"としてユルキャラ的に愛されているのは、そのパワーに加えてどことなく醸し出す「田舎の家のお母さん感」があるからだろうか。

　目指すのは人と自然の共存だ。それゆえにファーム内の畑や水田には基本的に農薬を使わない。毎朝人の手で虫を取り除いたりするなど、時間をかけて愛情を注ぐ。そうして丁寧に育てられた新鮮野菜が食事で味わえる。豊かな緑の住処には台湾カササギ、蝶、カブトムシ、アマガエル、イトトンボなど、多様な昆虫や鳥たちが共存し、まさに卓ママの理想通りのファーム作りが進行中だ。

　ここでは、さまざまな疑似田舎暮らし体験ができるのが魅力。ゆっくりするというよりは、あれもこれも寸暇を惜しんで楽しみたい！という欲張り派の旅にぴったり。しかもイルカウォッチで有名な港に近いので、うまく組み合わせれば短時間でモリモリ台湾を楽しみつくすことも可能だ。ちなみにワイナリーも併設しているので、ワイン好きにもおすすめ。

Model course こんなコースで巡ってみる！?

1日目

▶ **09:00ごろ**

台鉄「台北駅」から鉄道で「頭城駅」まで。自強號で約1時間半。頭城駅直通の座席指定列車は少ないので注意。

▶ **10:15ごろ**

「頭城駅」に到着。すぐにタクシーでイルカウォッチ船が出る「烏石港游客中心」（烏石港ツーリストセンター）へ向かう。荷物はツーリストセンターに預けるとよい。

▶ **10:30ごろ**

イルカウォッチ船に乗り込み出発！イルカウォッチは亀島への上陸コースにするなら要事前予約。いろいろな業者が船を出しているので、あらかじめチェックしておこう。

イルカウォッチは亀島上陸コースで3〜4時間ほど。頭城はイルカウォッチの名所として有名だが、イルカに出会えるかどうかは運次第！ 運がよければすぐ近くに出現！

亀島はコースに参加しないと上陸できない特殊な島。自然が美しい。

▶ **14:30ごろ**

イルカウォッチから帰港。ツーリストセンターに荷物を取りに行き、タクシーで頭城ファームへ。

▶ **15:00ごろ**

まずはチェックイン。部屋はシンプル。小腹が空いたので、宿で夕食の時間まで提供している台湾スイーツなどのビュッフェを堪能。食べ過ぎ注意！

台湾フルーツたっぷりの甘〜いスイーツでアフターヌーンティータイム。自然のなかで過ごすティータイムはいつもとちょっと違う癒しのひととき。

▶ **17:30ごろ**

夕食のビュッフェ＋バーベキュー開始。怒涛の食事タイムに気合を入れて。肉が焼けるまで台湾伝統料理をつまみながら待機。にぎやかさが楽しい。

ファームにある酒蔵で作った自家製のキンカン酒は、評価の高い自慢の一品。おみやげとして持ち帰りたいこのファームだからこその味わい。

▶ **19:30ごろ**

願いを込めてランタンを飛ばす。夜空高く舞い上がる姿は情緒たっぷり。書いた願いとともに天へ……。あとはのんびり過ごして、そして早目の就寝。

2日目

▶ **07:00ごろ**

台湾の田舎料理が並ぶ朝ごはん。素朴で温かな味が、空腹に染み渡る。オーガニックな畑の中をテクテク散歩で腹ごなし。

▶ **10:30ごろ**

チェックアウト。ここの宿ではチェックアウト後も、農産品を使った体験イベントなどが楽しめる。

▶ **12:00ごろ**

ビュッフェスタイルの郷土料理ランチ。食後は魚拓ならぬ葉拓のTシャツ作りに挑戦。

▶ **15:00ごろ**

ファームを離れる。シャトルバスで「亀山駅」に行ってもいいが、各駅停車しか停まらないのでやや不便。タクシーで「頭城駅」に行った方が便利。頭城駅では駅に荷物を預けて街に繰り出そう！ 「頭城老街」と呼ばれる古い街並みはかつて貿易で栄えた面影が残る。

▶ **15:30**

ピザの窯焼きに参加。生地をコネコネ……薄く伸ばした方がカリッとしたおいしいピザになるそう。具はお好みで。チーズ多めがおいしさのコツ。

▶ **18:00ごろ**

頭城駅から電車で台北へ。

こんなところも要チェック！ More must!

05 頭城休閒農場

ファームの創始者である卓陳明さん。"卓ママ"という相性で親しまれている農場のお母さん的存在だ。ワイルドかつチャーミング。

ビュッフェでは台湾グルメもいろいろ。自分で作る台湾式ハンバーガーは、角煮多めで……というのも夢じゃないのだ！

東南アジアからの旅客も増え、シーズンは大いににぎわう。大勢でキャンプに来たかのようなワイワイ感もたまらない。家族連れも多し。

エコスタイルなこだわりのワインセラーで生み出された、至極のワイン。その場で楽しむことはもちろん、お土産として購入しても。

夕食は台湾の伝統的な田舎料理のビュッフェ＋バーベキュー。孟宗竹でもち米を炊いた「竹筒飯」も台湾ならではの味だ。金槌でタケを思い切り割ると、ホクホクごはんが登場！ 醤油ベースの優しい味わいにほっこり。かなり思い切って叩き割るのがコツ。

 データ Data

頭城休閒農場
Toucheng Leisure Farm
トウチャン　レジャーファーム

宜蘭縣頭城鎮更新路 125 號
TEL：+886-3-9772222
E メール：tc.farm@msa.hinet.net
http://www.tcfarm.com.tw/（日本語あり）

参考価格：ダブルルーム 3,100 元／名（朝食、夕食、イベント、DIY ＜フルーツ狩り体験、窯焼き体験、農産品作り体験など＞付き）
チェックイン：15:00　チェックアウト：10:30

アクセス：
○平日（月～金）に限り送迎あり。台鉄「亀山駅」、もしくは宜蘭頭好行バス 131 線「東北角風景區外澳駅」がピックアップポイント。片道 80 元／名。要予約。「亀山駅」からは徒歩約 30 分でも行くことができる。
○台鉄「頭城駅」下車、タクシーでファームまで約 220 元（約 20 分）。

※ただし亀山駅へは各駅停車のロングシート（座席指定なしの列車）しか止まらないので、座っていくなら頭城駅まで行く座席指定ありの快速に乗ろう。

※一泊二日、二泊三日の場合で体験などのスケジュールが決まっている（http://www.tcfarm.com.tw/html/play.asp?play_id=P0016）が、事前問合せで変更なども相談可能。

亀山駅
頭城駅

藍染の里で、野菜づくしのヘルシー祭り！

オーナー夫婦が自ら育てた藍を使い丁寧に染められた藍染は、上品で深い色合いがある。そのほかの植物染めにもすべて自作した植物だけを使用。真面目な物作りに心打たれる。

卓也小屋

ジュオイエ　コテージ

06 卓也小屋

昔ながらの雰囲気を漂わせる建物が、ノスタルジックな空気を作る。赤い提灯も味わい深く、室内にはモダンとレトロが入り交じる。

客室は清潔かつ一棟ごとの独立タイプで落ち着いて過ごせる。昔ながらの伝統的な外観に、モダンで過ごしやすい内装。藍染グッズも多く使われている。

天然の藍染は、皮膚を保護し蚊を寄せ付けないとされているとか。かつて客家の女性が山で作業をするときに藍染の服を着て、身を守ったという謂れもあるそう。

工房では手染め体験も可能。女将さん（右）やスタッフが手取り教えてくれるので初心者でも心配ない。おすすめはスカーフ染め（990元）だが、小物は250元からある。

06 卓也小屋

丘の上にある女将さんの工房には、繊細で美しい作品が干されていた。南投の手作り研究所で藍染を学んだ女将さん。藍染の技術が失われていくのが惜しくて始めてから数十年になる。

左上下／さまざまな植物から色を編み出す。商品は台南や宜蘭でも販売されるほどの人気ぶり。右上／息子さん（左）は日本語ができて心強い！　右下／染料作りの様子。手作業。

なんとデザートは多肉植物！ 氷で冷やした葉にたっぷりと蜂蜜をつけて。シュカッとした不思議な口当たりで、マスカットのような爽やかな甘さ。食事は野菜祭りのヘルシーメニューなり。

06 卓也小屋

　小ぢんまりとした秘密の山荘。そんな趣きがある、緑の中の隠れ家のような「卓也小屋」が始まったのは2002年のこと。オーナーの卓夫妻は理想をカタチにするべく場所を探していた。ようやく見つけたこの土地を購入するのに、実は迷っていた二人。だがある日訪れたこの地で傷を負い倒れていたフクロウの子どもを助けたことがきっかけで、この子たちが安心して暮らせるこの環境を守りたい！と強く心動かされ、卓也小屋のオープンへと至った。それゆえ、極力自然の生態を壊さない運営に重きを置く。

　宿の周囲には、客家（はっか）の人々が多く住む。卓也の代名詞ともいえる藍染は客家との関わりが深い。「客家藍衫」といわれる藍染の服は客家の伝統的な衣装であり、染めの技術も古くから受け継がれているものだ。その技術が徐々に失われつつあることに惜しさを感じた卓也の女将さんは、自ら専門施設で藍染を学び、少しでも多くの人にその魅力を広めたいとの思いで力を注いできた。クオリティの高さ、センスのよさ、草から育てる真面目な物作りは本物を愛する人たちからの支持が多い。

　そんな夢と愛に満ちたこの場所は、レトロスポットとしてひそかな人気の廃線「舊山線（チョウサンシェン）」へも車で10分ほどと近くて便利。観光プラス自然の中での癒しと伝統の藍染め体験を、盛りだくさんで楽しめるとっておきの秘密の場所といえる。

Model course　こんなコースで巡ってみる！？

1日目

▶ **10：00ごろ**
桃園空港から出発！　バスで台鉄「桃園駅」まで出て、そこで鉄道に乗り換え「三義駅」を目指す。

▶ **12：00ごろ**
三義駅到着。駅から卓也小屋までの無料送迎シャトルサービスがあるので、それに乗車し、約15分の道のり。

▶ **12：30ごろ**
現地到着。チェックインは15時なので、まず荷物を置いて観光に出発！交通手段はタクシーを呼んでもらうか、宿の人に相談を。

▶ **13：00ごろ**
周辺観光へ。おすすめスポットは、すでに廃線となった舊山線「勝興駅」。西部縦貫線の最高地点にあり、ホーム内には記念碑もある。駅舎は魔を退け福を呼び込む「虎牙式」と呼ばれる日本式の木造建築で見ごたえがある。線路も赴きがある。

レトロな雰囲気。卓也小屋から車で10分ほど。蒸気機関車やディーゼル機関車の運行も不定期で行われているので、運がよければ見られるかも！

そのほか勝興駅に近い「龍騰断橋」もついでに寄りたい場所。1905年ごろ建造の、名前の通り断たれた姿をした橋。朽ちながらもなお美しいレンガ造りの様相はフォトジェニックで人々を惹きつける。

▶ **18：00ごろ**
野菜たっぷりのディナー。宿自慢の野菜をたくさん使ったヘルシーディナーを、池の見えるレストランにて堪能。7つの料理＋野菜鍋＋デザートのコースで499元／名。宿泊の予約時に予約しておこう。

▶ **20：00ごろ**
お腹いっぱいになったら庭園をゆっくり散歩。4〜6月は蛍のシーズン。寝る前に次の日の藍染体験の予約をしておこう。

2日目

▶ **08：00ごろ**
お粥など台湾式の朝ごはんでほっと一息。

▶ **09：00ごろ**
藍染に挑戦！何を染めようかドキドキ。でき上がった商品は持ち帰ったら2〜3回は水洗いしよう。そうすると色移りが防げる。

▶ **11：00**
チェックアウト。三義駅まで行ったら街歩きを。三義は木彫りと客家料理が有名なので、そのふたつはぜひともチェックしたい。小さな町の感じをゆったりと味わって。そこからは台北に戻るもどこへ行くも自由だ。

こんなところも要チェック！ **More must!**

06 卓也小屋

併設のショップには藍染のスカーフやブラウス、小物類のほか、天然の植物染めのグッズも並ぶ。人の手で丁寧に作られた優しいものばかり。

卓オーナー夫妻が愛情たっぷりに育てる畑では、季節の恵みがすくすく育つ。写真は秋が旬のローゼル。ほかにもイチゴ、ナシなどいろいろ！

部屋にはゆったりとしたバスタブ付きでうれしい限り！　思い切り遊んで、心行くまで癒される。このすばらしい旅スタイル。

左／キノコ盛りだくさんの火鍋は定番。女将さんの実家で作った干しカリフラワーは煮込むほどに味わい深い。医食同源をモットーに、自家栽培か近隣農家で採れたもののみを使うポリシー。　右／客家の伝統をアレンジしたモチ料理。客家の多いエリアならではのメニュー。

データ **Data**

卓也小屋
Zhuo Ye Cottage
ジュオイエ　コテージ

苗栗縣三義郷雙潭村 13 鄰崩山下 1-9 號
TEL：+886-37-879198
Eメール：joye879198@kimo.com
http://www.joye.com.tw/
参考価格：ダブルルーム 4,400 元～（朝食付き）
チェックイン：15:00　　チェックアウト：11:00

アクセス：
平日（月～木）に限り、最寄りの「三義駅」からの宿泊者に向けた無料の送迎シャトルサービス有。10:00～18:00 で運行。ホテル予約時に要予約。三義駅までは台鉄「桃園駅」「中壢駅」から南行きに乗るか、「台中駅」から北行きの鉄道に乗る。

※藍染体験は約 2 時間の工程。2 つ以上の商品から楽しめる。自由に好きな模様に染めることができるので、創意工夫の見せどころ！

海抜1923メートルの山頂に泊まる！

雲のはざまに遠く街の光。夜、宿から出て歩きながら見つけた景色は夢うつつなファンタジー。ただし山道は暗く車通りも意外に多いので、出るときは宿の人に声をかけよう。

雪霸休閒農場

シェイパ　レジャーファーム

07 雪霸休閒農場

宿の展望台にはカフェが併設されている。朝日を見た後は、清々しい眺めを楽しみながらのカフェブレイクも粋なもの。ちなみにベーグルは台湾では「貝果」という表記。ホットコーヒーといっしょに。

冬には雪をかぶった山の姿も美しい。標高が高い場所にあるレジャーファームならではの景色。近隣を散歩するのも楽しそう。

絶景を眺めるために設けられた、その名も「雲海咖啡廳」。山小屋風な外観が"らしく"ていい。この奥に展望デッキがある。

07 雪霸休閒農場

空が茜色に染まる夜明け、運がよければ雲を眼下に見下ろすことができる。清々しく、貴重な景色で、気持ちが引き締まる。

木のぬくもりを感じる客室。シンプルながらも徹底したカントリーテイストは、ホッと落ち着く安らぎの空間だ。

熟練シェフによる高級感あるディナー。1.旬の野菜そのままの味を楽しむ前菜。2.ボリュームたっぷりビーフステーキ。3.ソースがおいしいエビ。4.漬け込んだキウイは珍しいスイーツ。

07 雪霸休閒農場

　「五峰郷桃山村」、という、なんだか仙人でも住んでいそうな土地の名前。そのエリアの海抜1923メートルの山頂付近に鎮座するのがこの「雪霸レジャーファーム」だ。オーナーである范増達さんはキウイとブルーベリー栽培の達人。ここを訪れたらそれらを食せずには帰れない、帰りたくない！　というキャッチフレーズでもあるフルーツは、シーズン中であれば果物狩りもできるそうだ。じゃあ、シーズン以外はフルーツなし？　いえいえ、ご心配なく。自慢のフルーツをふんだんに使ったオリジナル食品がショップで購入できるので、オフシーズンでもその味に出会うことができる。

　もう一つ特筆なのが、眺めのよさ。ファームの展望台から見下ろす、山間を漂う雲の海。夜にはその雲間から街の灯りがきらめき、自然と都会をミックスした絶景を目にすれば、まるで夜間飛行。景色を見たり、星を見たり、山道を歩いたり。ここならではの"ほどよいネイチャーな楽しみ"が、無理なくリラックスなひとときを味わわせてくれる。

　宿へのトランジットとなる高鉄「新竹駅」も実は見逃せない場所。ローカルな内湾線に乗るのに便利な駅で、どうせならついでに観光名所である終点「内湾駅」でプチぶらり旅しておきたいもの。この乗り継ぎプランを練ることこそが、この旅の醍醐味かも!?

Model course こんなコースで巡ってみる！？

1日目

▶ 07:30ごろ
「台北駅」から高鉄（新幹線）で「新竹駅」まで。約30分。

▶ 08:10ごろ
高鉄「新竹駅」に到着。まずは駅で大きな荷物を預けて、ローカル線のプチ旅行に！ 六家線に乗り換えだが、高鉄の新竹駅と六家線の六家駅は渡り廊下でつながっていて歩いてすぐにある。

▶ 08:40ごろ
六家駅から竹中駅へ。一駅だけなので所要時間5分ほどで到着。

▶ 08:50ごろ
竹中駅で、内湾線に乗り換える。線の終点「内湾駅」へ向けてGO！ ここから約40分、ロングシートの各停なので座れるなら座りたい。電車は1時間に1本くらいしかなく、連絡もそんなによくない。ホームで少々待つことになるが新竹のあたりは強風で知られているので、肌寒い時季は上着必須。

▶ 10:00ごろ
内湾駅に到着！ 内湾駅は客家の街としても、ローカル線の観光スポットとしても有名。小さいながら山間の村的な秘境感がたまらない。

レトロな建物は土産もの店兼レストラン。

食べ歩きも楽しい。冷える日にはホカホカの紫イモまんをどうぞ。

▶ 13:00すぎ
内湾駅を出発。竹中駅に向かう。竹中駅で再度、六家線に乗り換えて六家駅へ。

▶ 14:00ごろ
高鉄「新竹駅」に戻り、荷物をピックアップ。4番出口から農場からの送迎車に乗り込む。農場までは約2時間の道のり。

▶ 15:00ごろ
レジャーファームへ到着。高所らしい凛とした空気が気持ちいい！ 受付でチェックイン。その後はカフェでアフタヌーンティーを楽しんだり、夕方にはブルーベリービネガー作りをしても。

ブルーベリービネガー作りは簡単、帰ってから熟成するのが楽しみ！

▶ 18:00ごろ
ファーム自慢のディナータイム。

▶ 20:00ごろ
少し寒いけれど、展望台で星空観測。またたく星空、地上には遠くに見える都市の灯り。幻想的な世界に酔いしれる。心行くまで空を楽しんだら就寝。

2日目

▶ 06:30ごろ
朝食をとりながら、朝もやにかすむ山々を眺めるのは爽快。もう少し早起きして朝陽を見るのもいい。

▶ 08:00ごろ
雪霸國家公園觀霧森林遊樂區を散歩。大自然の中で体を動かして、気持ちのよい一日の始まり。10時にはチェックアウト手続きを。

▶ 14:00ごろ
ファームを出発。宿の車なら、帰りはちょっとした温泉スポット「清泉」に立ち寄ってくれるので、そこで足湯して癒されるのもあり！

▶ 17:00ごろ
高鉄「新竹駅」到着。このまま台北に帰るも台鉄「新竹駅」へ行くもよし。

こんなところも要チェック！ **More must!**

07 雪霸休閒農場

キウイの旬は11月頃、ブルーベリーは7〜8月頃だが、それ以外の時季もスモモ、ナシ、モモなど折々の旬が味わえる。キウイとブルーベリーを使った土産ものも要チェック。

自家栽培ブルーベリーのビネガーは、ブルーベリーと砂糖と酢を使用したシンプル構成で作り方も簡単であっという間。味わうのが待ち遠しい。

ログハウスは山沿いに建てられ、雪霸群山の景色と空、雲の変化を一望できる。ヨーロッパテイストな建物の雰囲気、清潔な部屋も気分を盛り上げる！

台湾料理を食べたいならば、ビュッフェスタイルのディナーを。高山キャベツや地の野菜たっぷりの料理を、思うまま好きなだけ満喫♪

おいしい！と評判なのはファーム自慢のキウイジャム。農業の専門家でもあるオーナーはキウイとブルーベリー栽培の達人！

アシタバもこの近辺の名産。栄養たっぷりで品質の高い茶葉をお土産にいかが。軽くて運びやすいのもお土産としてのポイントが高い。

データ **Data**

雪霸休閒農場
Sheipa Leisure Farm
シェイパ レジャーファーム

新竹縣五峰郷桃山村民石380號
TEL：+886-3-5856192、+886-3-5856193
Eメール：spfm8910@ms59.hinet.net
http://www.sheipa.com.tw/

参考価格：ツインルーム 4,920元〜（朝食、夕食付き）
チェックイン：15:00　チェックアウト：10:00

アクセス：
○送迎車は往路：高鉄「新竹駅」4番出口発（約2時間）。復路：雪霸休閒農場→「清泉」経由→高鉄「新竹駅」。費用：往復1,600元／名（保険料含む）。費用はチェックイン時にカウンターで支払い。3日前までに要予約。

※チェックインが遅くなる場合は先に連絡を。

※近隣にある「雪霸國家公園觀霧森林遊樂區」も行っておきたいスポット。http://www.spnp.gov.tw

台北から直行、
まったり牧場プチトリップ。

広々とした牧場には、ウシやヒツジがのんびりと暮らす。エサを持って近づくと、「そのエサちょうだいよ〜」と言うようなのんびりした鳴き声で呼び止めてくる。ラブリー。

飛 牛 牧 場
フライング カウ ランチ

08 飛牛牧場

カントリームード満点の建物に、これからどんな楽しみが待ち受けているのかワクワク！

部屋も木のぬくもりを感じるカントリーテイストで統一されている。温かみがありゆっくりと眠れそう。

「みんな集合！」先生が声をかけると、いっせいに走ってくる子どもたち。ここでは自然や動物と触れ合う学びの場として課外授業も多く行われている。

温和で人見知りしないというバルバドス・ブラックベリー種のヒツジくんたちは、手のひらから臆することなくエサをムシャムシャ。小さな子でも怖がらずあげていた。手をなめるニュルッとした生ぬるさが愛らしい。

08 飛牛牧場

ミルク鍋。昆布ベースの出汁にミルクを投入した、この牧場ならではのメニューだ。マイルドな味わい。牛、羊、鶏、野菜、お好きなセットで召し上がれ。320元／名〜。

かわいい子ウシにミルクをあげることだってできちゃう！　必死で飲んでいる姿に胸キュン。

明るい緑の芝生が続く牧場に、のほほ〜んと放牧されるウシやヒツジたち。ゆったりとした彼らの動きや表情を見ていると、こちらも思わずゆるりとした気分に。

送迎車を降りれば、見渡す限り緑。山、そして牧場。ポカポカ陽気にそよぐ風のなか、いきなりのんびりモード全開のカントリービューが広がる。ここ「飛牛牧場」の強みは、なんといっても台北駅から直通の送迎があること！　桃園空港からの送迎もあり、普段の都市旅行にちょこっとスパイスを加えたいときの選択としていいだろう。片道２時間程度なので、台北旅行の途中に一泊、飛牛へ、というのもありなのだ。

しかしながら実態はまじめ。「自然、健康、喜び」をテーマに、三つの「生」つまり「生産、生活、生態」を一つにした農村体験ができるレジャー空間として、小中学生の校外学習の場としても人気を博している。広い牧場で暮らす動物たちに触れていると、自然と笑顔になってしまうのは、彼らのピュアさがなせることだろうか。健全な楽しみが詰まった牧場空間は、オリジナル乳製品の宝庫でもあるといえる。フレッシュなミルク、それを使った超濃厚ヨーグルトドリンクは必飲もの。

近場スポットとしては木彫りの街「三義」があり、工芸品目当てでも、ふらり美術観賞感覚でもますます楽しい時間が過ごせるはず。小さな木彫りに色を塗る体験などもでき、自分だけの旅土産を作るのもいい。早めに宿を出て台北に帰ればまだまだ時間の余裕もあり、まさに旅の途中のプチトリップ先としてもってこい！な、ライトさが魅力だ。

Model course こんなコースで巡ってみる！？

1日目

▶ 10:00ごろ
予約していた送迎車で、台北から牧場に向けて出発！ 道中は約2時間。

▶ 12:00ごろ
牧場に到着。チェックインまで時間があるのでまず荷物を預けて。牧場散策するか、周辺スポットへ遊びに行くか。ここは近場の三義駅に行くことに！タクシーを呼んでもらって出発。車で30分ほど。

▶ 12:30ごろ
台鉄「三義駅」到着。さっそく昼ごはんどころを探す。三義は客家（はっか）の街なので、やはり客家料理狙い。どこに入ろうかテンションアップ！「川味先客家菜館」など数十年続いているところは安心感がある。

▶ 14:00ごろ
ランチ後は街歩きへ。三義は木彫りで有名。とくに「三義水美街」は短いストリートながら100を超える彫刻の店が並び、いろいろな木彫りに出会うことができる。お土産品ゲットの時間だ。

▶ 16:00ごろ
ココまで来たら、ついでに寄れる範囲にあるレトロスポット「龍騰断橋」や「勝興駅」にも行っておきたい。4〜5月なら周囲の山々はアブラギリの白い花が咲き乱れ、花見を楽しむことも可能だ。タクシーでささっと巡って記念写真を撮るだけでも価値あり。

▶ 18:00ごろ
牧場に戻る。ちょうどお腹がすいてきたいいタイミング。夕食は牧場の牛乳を使った斬新なミルク鍋で。ちょっぴりまったりな味で面白い。濃厚なヨーグルトドリンクもぜひオーダーしてみては。

▶ 19:30ごろ
ゆっくり夕食を済ませたあとは、なにもしない贅沢な時間。もし金曜なら、三義駅に夜市が立つ日なのでそこに再度出かけてもいいかも。小さなローカル夜市で、夜はやや早めに終了するので行くならお早めに！

2日目

▶ 08:00ごろ
朝食。食後は濃厚ヨーグルトドリンクで締め。健康的！

▶ 09:20ごろ
ミルクアイス作りにトライ！ 180元／2名で所要時間約40分。このほかにもたくさんの体験イベントが行われていた。開始10分前までに申し込めば参加可能とのこと。

▶ 10:00ごろ
先にチェックアウトして、牧場内散策に出発！ ウシ、ヒツジ、ウサギ——かわいい面々にエサをあげながら触れ合いを楽しんで。

ウサギの館。中にウサギいっぱい！

広い牧場をのんび〜り歩きながら、緑を見て、風を感じて、アニマルズのキュートさに胸が打たれる。歩くだけでも楽しみがいっぱい。

こんなところも要チェック！ **More must!**

08 飛牛牧場

牧場ではいろいろな動物にエサをあげることができる。ウサギにイモの蔓、子ウシにミルク、ヤギに草。あげるとわりとよく食べてくれて、その姿がピュアでかわいくて癒される。牧場に響き渡るこのモグモグ行進曲。このハーモニーを奏でるため、エサ売り場を見たらためらわずにチャレンジしてみたい！

まさに牧場！ という、のどかで穏やかな風景に癒される。白い壁に赤い屋根の小屋など、建物もばっちりこの景色にマッチ。

牧場でとれた新鮮ミルクを使ったお土産は、どれも味わい深い。牛乳やヨーグルトはその場でぐぐっと飲み干すと爽快！

ミルクアイスの手作り体験もできる。ポットに材料を入れてひたすら混ぜるだけというカンタン作業ながら、でき上がりは上々。このほかクッキーの手作り体験もある。

ただこうして寝転んでいるだけでも気がほぐれていく。日陰の芝生はひんやり。風が吹き抜けて、思わず眠ってしまいそう……。こうして、なにもせずのんびりもアリ。

データ **Data**

飛牛牧場
FLYING COW RANCH
フライング カウ ランチ

苗栗縣 35750 通霄鎮南和里 166 號
TEL：+886-37-782999
Eメール：service@flyingcow.com.tw
http://www.flyingcow.com.tw/（日本語あり）

参考価格：デラックスダブルルーム 3,600 元～（朝食付き）
チェックイン：15:00　　チェックアウト：11:00

アクセス：
○有料の送迎あり。5 人乗りのチャーター車で、台北発　3,400 元、桃園空港発　2,900 元、高鉄「新竹駅」発　2,300 元、高鉄「烏日駅」発　1,900 元。すべて往復料金。費用はチェックインの際に支払う。要予約。詳細は HP より。
○台湾鉄道（海線）に乗り「通霄車駅」で下車。そこからタクシーで約 15 分。タクシー料金約 250～300 元。 帰りはサービスセンターにてタクシーを呼んでくれる。

漢方＆愛情コスメの、花の園。

ゴージャス＆エレガントなバラづくしランチプレート。もちろんすべて本物のバラで、食べることができる。ルビー色のバラ茶から香る花の芳しさに、気分はプリンセス！

花露休閒農場
フラワーホーム

09 花露休閒農場

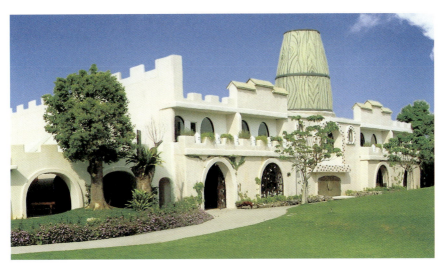

西洋の白を思わせるような白い建物はホテル。避暑気分を盛りたててくれるリゾートなたたずまいが、心地よい芝生のグリーンと青空に映える。

花を主体としたファームだけあって、どこもかしこも花や植物が満載。カフェの大きなガラス窓から見える木々は、まるで一枚の名画のよう。オレンジカラーの温かいライトがまたいい感じ。

ここでは、アロエのエッセンシャルオイルによる乳液作り。化学の実験のように必要な分量をスポイトで取り、成分を加えていく。そしてひたすら練り練り……。あっという間に乳化して、ナチュラルクリームの完成！

天気がいい日は日差しも強い。そんなときはミスト舞う池のほとりで、冷たいドリンクとともに、パラソルの影にて一休みを。

09 花露休閒農場

漢方医学を学んだオーナーがオーガニックなエッセンシャルオイルを使い、添加物不使用で作るアイテムの数々は、まとめ買いするファンがいるほどの高いクオリティを誇る。混じりけのない天然の香りが心地よく漂う。

上／部屋は清潔感があり広さも十分。室内にはユーカリやヒノキ、カシワ、マツなどの木の香りの天然フレグランスが施され、リラックスしてぐっすりと眠って欲しいと配慮されている。　下／自慢のラベンダー畑は3月が見頃。

愛ゆえに。そう、愛ゆえにこの花園はある。それはオーナーである陳基能さんの、奥さんへの愛情だ。幼い頃から花や植物が大好きで、「都市でできないことをしたい！」とこの地に観光農場をオープン。ではなぜ愛なのか。それは奥さんの肌が弱く、それを自身の手で解決すべく努力に努力を重ねたからだ。通常の化粧品やクリームなどを使って皮膚を痛めている姿をなんとかしたい、と常々思っていた陳さんは、ここで日々製品の開発に取り組み始めることになる。
　かつて学んだ漢方の知識を活かして、天然素材にこだわったスキンケア商品作りを進めること3年。年月をかけてようやく成果が実った。すべての商品を奥さんがまず試し、問題がなければ商品化。その愛情から生まれたスキンケアアイテムたちが訪れる人の心をとらえている。「正直、生産のコストは高いですが、利益のためにしていることではないので」と、少し恥ずかしそうに微笑む陳さん。心がこもった真面目な物づくりには感銘を受ける。
　しかしここは花園。園内の散策もお忘れなく。季節によりさまざまに表情を変える花園は、見る人の心を和ませ、それが心地よさにつながる。
　あまり訪れることのないローカル駅「豊原駅」が最寄りなので、そこの探検も盛り込めば、なかなかに充実したトリップになりそうな予感！

Model course こんなコースで巡ってみる！？

1日目

▶ 10：00ごろ

台鉄「台北駅」から鉄道で「豊原駅」まで。自強號で約2時間。停まらない列車もあるので確認して切符を購入。

▶ 12：00すぎ

「豊原駅」到着。豊かな森林資源があることから、漆器の産地として栄えた豊原。「豊原漆芸館」でその名残が見られる。土地の人々に大切にされている慈済宮や廟東のグルメ街などの見所もある。ぶらりと街を散策して、気になるところでお昼。「豊原肉圓」など有名店も要チェック！

▶ 15：00ごろ

街ブラを終え、目的地の花露へGO！タクシーでおよそ30分の道のり。

▶ 15：30ごろ

到着、即チェックイン。とりあえず部屋に荷物を置き、少し休憩。

▶ 15：30ごろ

花々を見ながら園内巡り。季節により違う花が楽しめる、まさに名前の通りフラワーホーム。ガツガツ楽しむというよりは、フワフワ無目的に歩きたい。疲れたら池辺のカフェで、ハーブティー片手に休憩。

▶ 18：00ごろ

ディナータイム。夕食はホテル予約時に同時に予約をする仕組み。それはできるだけ新鮮な素材で料理を提供したい！という思いから。そんな旬たっぷりの夕食をじっくり堪能。

▶ 20：00ごろ

ゆっくり湯船につかって長風呂でも。旅の疲れがじんわり取れていく癒しのとき。そしてそのまま早めの就寝。

2日目

▶ 08：00

朝食。その後は心地よい空気を吸い込みながら、園内をポチポチ散歩して腹ごなしを。

▶ 10：00ごろ

天然アロエのクリーム作りに挑戦！一滴、二滴と成分を配合、スベスベ保湿クリームは意外とカンタンに完成できる。余裕があればカフェで一息。

▶ 11：00ごろ

チェックアウトの前にお土産購入。テスターがあるので試しながら、香りを感じながら一期一会を楽しもう。

▶ 12：00ごろ

チェックアウト。そのまま豊原駅に車で向かう。

▶ 12：30ごろ

豊原駅に到着。駅周りにて電車内で食べる昼食を購入し、電車に乗り込む！台北までは約2時間。ローカルな列車の旅、流れる車窓が極上のスパイス。

こんなところも要チェック！ **More must!**

09 花露休閒農場

入り口の看板も植物の仕様。この看板、実は巨大。右横にチケットカウンターのある小屋があり、それと比べるとよくわかる。結構な力作。記念撮影場にいかが？

なんと、花の形のトイレ！ 細かなところにもビックリがあり楽しい。クスッとくるココロ和む演出なり。

ショップにはたくさんのオリジナルなオーガニックアイテムがずらり！人気は「森呼吸芬多精」という名の、森の香りフレグランス。一瞬で空気が清々しい香りに。

ラベンダーの化粧水や保湿液も評判。使い心地はサラリとしていて、ラベンダーの香りがふんわりと漂う。まるで香水のようなアロマの強さにうっとり。

インテリアランプも植物で揃えられている。木材にモコモコのランプシェードを引っ掛けて、愛嬌たっぷり。この頑張っている感がなんとも愛おしい。

データ **Data**

花露休閒農場
flower home
フラワーホーム

苗栗縣卓蘭鎮西坪里西坪 43-3 號
TEL：+886-4-2589-1589、+886-4-2589-3280
E メール：flowers.chen@msa.hinet.net
http://www.flowerhome.com.tw/

参考価格：ダブルルーム 4,880 元～（朝食付き）
チェックイン：15:00　チェックアウト：12:00

アクセス：
○台鉄「台北駅」から「豊原駅」へ。「豊原駅」からはタクシーで 30 分程度。バスでも徒歩 20 分圏内までは行けるがややこしいので、タクシーが便利。

※夕食がいる場合はホテル予約時に伝えること。

俗世と隔絶した、夜空の世界。

展望台から見上げる夜空には、澄んだ空気に星がまたたく。快晴ならいい星空が期待できそう！ 海抜約1100メートルの高い場所で浸る星の夜。ただし厚着必須なり。

若茜農場

ローリンファーム

10 若茵農場

レストランにはバーがあり、カクテルをたしなみながら、星空観測の後の時間をゆったりと過ごすのもいい。ゆとりのあるイスに腰掛けて、グラスを傾ける。アルコールがほどよく気分を上げてくれる。

夕暮れも美しい。展望台は視野270度のパノラマで、色づく空の色はため息が出てしまうほどのきらめきだ。のんびりお茶でもしながら、語り合いながら、沈みゆく太陽を見るほんのひとときは忘れられない思い出になるだろう。

早朝、雲の海に山の影。薄暗い空が徐々に明るくなる神々しさは、高い場所ならではの絶景。山頂を意外と早く流れる雲を見ていると、しばし忘我の境地。変幻自在、ゆらめく白い雲の雄大さに、心がじんわりとする。

時々刻々と色を変える美しい雲海。雲が切れれば南投、彰化、台中港から三義までを見渡し、石岡ダムや林を遠く望むこともできる。夜、空の星と、地上にかすむ暮らしの灯り、まるで二重の星空のような絶景を見ることができればラッキー！

10 若茵農場

部屋はアメニティやタオルもない、インターネットもつながらない、テレビもない。それらをあえて設置せず、ありのままこの場所を感じて欲しいというポリシーが見える。ネット環境のない時間なんて、いまどき貴重。

昼間はパラソルの下で読書でも。座椅子にもたれ、絶景を前にゆとりのリラックスタイム。もちろんただただ景色を眺める、というのもあり。頭上をあおぐとなにもない広大な青空。爽やか度はマックス間違いなし！

午後は優雅にアフタヌーンティーはいかが。プチケーキなどの洋風に加えて、台湾らしいスイーツやスナックの台湾風もあり、内容は頼んでからのお楽しみ。さて、どちらをオーダする？ 15時から17時まで、300元。

10 若茵農場

　テレビなし、ネットなし、ついでにアメニティやタオルもなし。宿というにはあまりに簡素で強気な設備。しかしながら予約は常に取りづらいほどの人気なのが「若茵農場」だ。ここに来たら自然、景色、星空、ただただそれを楽しんで欲しいというオーナー夫妻の強いこだわりに惹かれ、"脱・都会暮らし"を求めて訪れる人も多い。そう、冒頭の"なし尽くし"の簡素設備は、それを必要としない贅沢なひとときのための、シンプルで心からのサービスなのだ。
　海抜1100メートルという山間に位置するため、展望台から望む景色は圧倒的な開放感！台湾中部の絶景270度が見渡せる一大パノラマは、見ているだけでときを忘れてしまう心地のよい眺め。昼の青空、水色から輝くようなオレンジの夕暮れグラデーション、濃紺の空に浮かぶ星と月。どの時間帯にも違った魅力があり、その景色の前から離れられない。ゆっくりベンチに座りながらときに景色を眺め、ときに好きな本を読み、ときに日記でも書いてみる。心穏やかで自由な、俗世から隔絶された桃源郷のようなときの流れ……。
　この宿だけを目的に旅するのはもしかしたら少しハードルが高いかもしれない。けれども台北や台中という道中寄ることのできる、パワフルでにぎやかな都市の楽しさと合わせて楽しめば、メリハリのついた極上の旅になるはず。一歩深い台湾の旅を望むなら、おすすめだ。

Model course こんなコースで巡ってみる!?

1日目

▶ **11:30ごろ**
高鉄「台北駅」から新幹線で「新烏日駅」(高鉄台中駅)まで。約1時間。

▶ **12:30ごろ**
「新烏日駅」(高鉄台中駅)に到着、予約してあったファームの送迎車に乗り宿を目指す。約1時間半の道のり。

▶ **14:00ごろ**
ファーム着。チェックインは16時なので、まずは荷物を預けて周辺散策。徒歩30分ほどで着く山もあるので、たっぷり森林浴!

▶ **16:00ごろ**
チェックインし、しばし部屋でのくつろぎタイム。大きな窓から見える壮大な景色に、うっとり。

▶ **16:30ごろ**
台湾式アフタヌーンティーを楽しみながら、空を茜色に染めゆく夕陽を眺めつつ。至福の時間だ。

▶ **18:00ごろ**
夕食。台湾料理ビュッフェにするか、洋食コースにするか……! 迷う!

▶ **20:00ごろ**
食後は星空ウォッチング。冴え渡る月の静りさ、星のきらめき、眼下に漂う雲。桃源郷の赴とまったりと時間をどうぞ。

▶ **22:00ごろ**
テレビもネットもない部屋は、思ったよりも快適。自然の景色や音が心地よい眠りを誘う。おやすみなさい。

2日目

▶ **07:00ごろ**
早起きして朝食! ビュッフェはイモのお粥やトーストなど、台american取り混ぜたメニュー揃え。五穀米の豆乳は必ず飲んでおきたい健康ドリンク。温かさが早朝の肌寒さにしみる。

▶ **08:00ごろ**
深い森林のなかで鳥や池、神々しい木々を見ることができる「大雪山森林遊楽區」へ出発。より濃い自然の空気を目一杯吸い込んで、清々しい気分。入場料200元/名、車代100元/台が別途必要。

▶ **11:00ごろ**
チェックアウトし、ファームを後に。宿の車で「新烏日駅」(高鉄台中駅)へ。

▶ **12:30ごろ**
帰りにちょっと寄り道。「新烏日駅」(高鉄台中駅)から台鉄「台中駅」を目指す。各停電車で約10分。台中は台湾でも有数の都市で、タピオカミルクティーの生まれた場所でもある。土産には名物「太陽餅」をどうぞ。

ちょっとした路地も味がある。

お洒落なカフェ等も点在。まったりとティータイム。

街中の猫。とっても自由な感じ。

少し裏に入るとレトロで、どことなくアートな路地。

夜までいるなら「逢甲夜市」は訪れたい。大学が近くにあり、賑わいが半端じゃない!

▶ **19:30すぎ**
台中駅を出発。電車で台北へ。22時ごろ台北着で、お疲れさま!

こんなところも要チェック！ *More must!*

台湾風アフタヌーンティーはこんな感じ。ちょっとした前菜盛り合わせのような……箸で食べるタイプでおかずのような感覚でもある。小腹には頼もしい。

展望台は二階建てになっていて、その二階からの眺め。見渡す限りの空と雲、そこを朝陽が照らしてファンタジーな色合いの絶景に。

この豪華な部屋と、もっと極々シンプルな部屋のタイプがある。豪華タイプは一室ごとにデザインと雰囲気が違うこだわりよう。

おすすめドリンクその1。五穀米の豆乳。朝食ビュッフェの一員として登場するが、健康的で味もなかなか！ ザラッとした口当たりがなんともいい。

おすすめドリンクその2。その名も「養身活力汁」というオリジナルスペシャルエナジージュース！ アシタバ、マツバ、ハチミツ、レモン、そして牧草!? このミックスがたまらない。

データ *Data*

新烏日駅
(高鉄台中駅)

若茵農場
Roll In Farm
ローリンファーム

台中市和平區中坑里雪山路 1 號
TEL：+886-4-2597-1218
Eメール：rollinfarm@gmail.com
http://www.rollin.com.tw/

参考価格：ツインルーム 3,600 元〜（朝食付き）
チェックイン：16:00　　チェックアウト：11:00

アクセス：
○台中空港、高鉄「台中駅」発の送迎あり。片道 1,800 元。要事前予約。

※全面禁煙。ガムやビンロウも禁止。アメニティ、タオルなどもないので用意していこう。テレビ、空調、冷蔵庫もなし。

中央山脈の清水が育む、極上フルーツ。

垂れ下がる蔓が愛らしい姿は、パッションフルーツ。台湾を縦に走る中央山脈から流れる豊富な水を栽培に使用している。農薬を使わず、食の安全性もとことん追求。

台 一 生 態 休 閒 農 場

タイイー　エコロジカル　レジャーファーム

11 台一生態休閒農場

パッションフルーツは、少し赤く色づくと食べごろの印。これは満点星という種類のもの。旬は7月から2月。果実の上部を両手で押すようにすると、パカッと割りやすい。甘酸っぱくて柔らかで、南国ムード満点！

ファームの道にはミントが植えられていて、清々しい香りが漂う。ちょっとの土地も有効利用する合理性ながら、なんだかとってもメルヘンチック。

デラックスで広々としたホテルの部屋。これだけの広さがあれば気持ち的にもゆったりと過ごすことができる。

緑あふれる空間に、重厚感のある建物がしっくりとなじむ。自然を守りながらも提供する住・食の環境にも力が入る。

11 台一生態休閒農場

部屋には大きな内風呂がついていて、心置きなく湯につかることができる。やっぱり日本人的にこの湯船はありがたい！

上／中央山脈からの水をたたえた池がファーム内に点在。淡い水の色に、明るい黄緑の葉が浮かび、パステルカラーの世界を作り出す。　下／フルーツ、野菜だけでなく花の栽培も行う。その花々による自家製ハチミツはさっぱりとした甘さで人気。

11 台一生態休閒農場

　水の美しい場所として有名な、埔里。そこにその豊かな水源を利用したレジャーファームが誕生した。「台一生態休閒農場」という一見難しそうな、研究施設のような名前に一歩引いてしまうかもしれない。けれどもそれは、このファームの真面目さの表れでもある。オーナーである張國禎さんは地元南投の農家に生まれ、埔里の農業高校を卒業し、その後台湾大学の園芸専攻に進んだその道の専門家。政府が優れた農業人に贈る「神農賞」を受けたこともある人物だ。園内を歩くと時折海外のスタッフを見かけたが、パラグアイなどから農業を勉強しにきている人々だとかで、なるほど、このファームの本気度が伝わってくる気がした。

　だからといって、園内が四角四面の真面目な場所かというとそうではない。ファミリーだってワイワイ楽しめる、れっきとしたレジャー施設なのは間違いない！　清らかな山水で、本気度ばっちりの彼らが育てた上質な果物を、思うがまま摘み、ほおばる贅沢。フルーツ、野菜だけでなく花もたくさんで、いろいろな植物が同居する様子も興味深い。そしてその様子はちょっぴりメルヘン。ふいに現われる妖精のオブジェや、ミントの香りが漂う道など、真剣な農業のなかに顔を出す心を和ませるシーンが楽しくもあり、おかしくもあり。バスでわざわざ訪れる場所にあるので、ぜひ周辺観光も抜かりなく。

Model course こんなコースで巡ってみる!?

1日目

▶ 09:00ごろ
高鉄「台北駅」から新幹線で「新烏日駅」（高鉄台中駅）まで。約1時間の道のり。

▶ 10:00ごろ
「新烏日駅」（高鉄台中駅）に到着。ここで長距離バスの「南投」行きに乗り、「埔里」で下車。バスは約1時間。そこから予約してあったファームのシャトルバスに乗りファームへ向かう。

▶ 11:30ごろ
ファーム到着。まずは部屋でゆっくりしてもよし。また取りあえず荷物をカウンターに預けて、周辺観光に出かけてもよい。埔里は水がきれいで有名で、見所もたくさん。紹興酒作りの里とされる「埔里酒廠」や、蓮が浮かぶ大きな池「鯉魚潭」などはファームから車で10分から20分の距離。もっと足を伸ばせば「日月潭」にだって1時間ほどで行くことができる。しっかりプランをねって遊び尽くそう！ファームに戻り、スパで疲れをとろう。

お疲れならスパで癒しのひととき。

▶ 17:00ごろ
モダンでお洒落、しかも美味なるディナーに舌鼓を。

▶ 20:00ごろ
体験に参加。葉のスタンプだけでなく、愛玉作りや押し花のキーホルダー作りなどの体験もできる。

▶ 21:00ごろ
星空を見に散策。そしてリラックスッして就寝。

2日目

▶ 08:00ごろ
朝食。ビュッフェスタイルでどうぞ。もしくは園内にあるベーカリーでパンを買っても。

▶ 09:00ごろ
食後の運動に、ファーム内の散歩へ。そのままフルーツ狩りへ！　あるいは取れ立てハチミツの試食もいい。ワイルドな植物園やかわいい花畑なども見物。

柔らかな産毛が愛らしい葉っぱ。

花もいろいろ。カラフル。

いきなり登場、エルフの石像。

のんびり歩くだけでも気持ちいい！

▶ 11:00ごろ
チェックアウト。シャトルバスで「埔里」へ。そのままバスを乗り換えて「新烏日駅」（高鉄台中駅）に向かう。

▶ 12:00ごろ
「新烏日駅」（高鉄台中駅）に到着。いざ、新幹線で台北に戻る。早めに帰れば台北でのゆとりがあって安心なり。

こんなところも要チェック！ **More must!**

11 台一生態休閒農場

旬のフルーツ狩りも楽しめる。イチゴは12月から4月ごろまでがシーズン。そのあとはトマト。摘みたてフルーツや野菜を食べる喜び。

新館「楓樺台一花泉卉館」はしっかりとした設備の部屋に、温泉もあり。優雅に宿泊したい派にはうってつけのホテルだ。

宙に大小プランターが浮かぶ植物園は、ほとんど台湾特有の植物だとか。その数約600種。整理整頓されていない、ワイルドなレイアウトが迫力！

スペインから取り寄せているワインも、実は密かな人気者。このほかキンモクセイやラベンダーのビネガーもお土産としてイチオシとか。

こちらもファームイチオシのお土産品。見た目もきれいなハーブビネガー、テイストはラベンダーとモクセイ。

データ **Data**

新烏日駅
（高鉄台中駅）

台一生態休閒農場
Tai Yi Ecological Leisure Farm
タイイー　エコロジカル　レジャーファーム

南投縣埔里鎮中山路一段176號
TEL：+886-49-2997848
Eメール：service@taii.com.tw
http://www.taii.com.tw/

参考価格：ダブルルーム 3,600元〜（朝食、夜間DIY付き。入園料込み。）
チェックイン：15:00　　チェックアウト：11:00

アクセス：
◯台北から高鉄（新幹線）で「新烏日駅」（高鉄台中駅）まで行き、そこから「南投駅」行きのバスに乗り、「埔里駅」まで行く。「埔里駅」から無料シャトルバスあり。「埔里駅」⇔台一生態休閒農場。往路：9:15、11:15、14:15。復路：9:00、11:00、14:00。要事前予約（席に限りがあるので先着順）。

四面山々、忘我のほのぼのプチ秘境。

四面を山に囲まれた秘境的宿。元ある自然と人の手の入り具合が絶妙で、きちんと手入れされたナチュラルな空間は居心地、歩き心地ともに抜群。カラフルインコがお出迎え。

三富休閒農場

サンフー　レジャーファーム

12 三富休閒農場

緑あふれる散歩道。サワサワとなびく葉や枝の音が気持ちよくて、ゆっくりとパワーチャージが進む感じ。案内板のカエルオブジェもなんだかかわいい。

大きな池にはコイが泳ぐ。エサを上げると一気にガッと集合する様はちょっとビックリするかも。水辺をカモが散歩。とてものどかで、気持ちいい。

台湾は、実はカエルの種類が多いことでも有名。30近くいるとされる台湾固有種のうち、ここでは約22種のカエルに出会える。

左／いろいろな手作り体験ができるなか、人気はこの思い出ノート作りと万華鏡作り！　右／万華鏡作りは夢中になる楽しさ。あっという間にでき上がる。

とても丁寧に優しく、万華鏡作りを教えてくれたスタッフのお姉さん。簡単だからとあなどらず、工程を確認しながら真剣に取り組もう。見え具合を調整する姿は職人さながら。言葉はわからなくても真似していけばすてきな作品になるはず。

12 三富休閒農場

毎年オーナー一家とスタッフたちで、新しい施設や道を手作りして常に新しいものを追求している。けれども自然本来の美しさは損なわず、無茶なことはしない。4月から6月は蛍のシーズン。

近隣では紫イモ（地瓜）がよく採れる。近くの農家と協力して、紫イモクリームを開発した。砂糖をまったく加えないのに、上品な甘さ。濃いコーヒーの上にたっぷりクリーム。う～ん、至極のティータイム。

12 三富休閒農場

　長男は農業人、次男は施設を担当、三男はランドスケープ。三人の団結力で築き上げられた「三富レジャーファーム」は、四方を山々に囲まれた秘境のような場所にある。見渡す限り木々と葉の柔らかな景色。薄水色の空に白い雲、ペールトーンの明るい色合いにそれだけでいい気分。広大すぎず、狭すぎず、ほどよいサイズ感なのも"歩きたい派"にはうれしいところだ。お茶をすすっているとネコが寄ってきたり、カモがにぎやかに集団で前を通り過ぎたり。9時半からはインコたちの出勤がはじまるので、カラフルさも加わってハッピー気分満載。

　気が向けば山道を歩き森林浴をし、ただだ物思いにふけっても、純粋に自然を愛でても。読みたい一冊を相棒に乗り込めばさらに満喫度は大！　読書で頭が疲れてきたら紫イモクリームがたくさんの濃厚コーヒーで糖分チャージ。そのまま読書に没頭しても、気分を変えて万華鏡作りに参加するのも乙なものだ。とにかくあるがまま、思うがまま……。

　冒頭で三兄弟によるファームと書いたが、実は一家総出で運営している。ドイツ留学をして工業設計を学んだ長女も「ここで生まれ育って、その恩返しをしたいから」と、戻ってきていっしょにファーム作りに邁進中！　温かなファミリーの気持ちがそこかしこに感じられるからこそ、このファームはこんなにも居心地がいいのかも。

Model course こんなコースで巡ってみる！？

1日目

▶ 11:30ごろ

台鉄「台北駅」から鉄道で「羅東駅」まで。自強號で約1時間半。昼は駅弁を買い、車内で食べておくと旅情＋時短になっておすすめ。

▶ 13:00ごろ

「羅東駅」に到着。ここからタクシーで約15分。山中にありながら駅からも近いという立地なのです。

▶ 13:30ごろ

ファームに到着。チェックインまで少し時間があるので、まずは明るい日差しのもと山道をポチポチ歩き。

インコがところどころでお出迎え！

豊かな自然が魅力。運がよければヤイロチョウのような珍しい鳥に出会えることも……。バードウォッチングを楽しもう！

疲れたら水辺の座席で一休み。アフタヌーンティーは紫イモコーヒーかユズの花茶。どちらも疲れを癒す甘さ。

オーナーの自然解説も見逃せない。

▶ 18:00ごろ

そうこうしていると、あっという間に夕暮れ時に。そしてディナータイム。地の恵みを活かした心と体に優しい料理の数々が味わえる。

▶ 20:00ごろ

心地よい夜風に吹かれて、夜空を見上げてみる。少し生温い風が南の島らしくていい感じ。早めに眠って疲れを取りたい。

2日目

▶ 09:00ごろ

まぶしい緑を眺めながら朝食。食後はもちろん散策へ。体を動かして健康的。

▶ 10:00ごろ

万華鏡作りに挑戦。見よう見まねでもちゃんとできる！ただし細部ののり付けはきっちりしておかないと部品がズレてしまうので気をつけよう。

万華鏡もカエルのデザイン。アツいカエル押し。

▶ 11:00

チェックアウト。タクシーを呼んでもらい、羅東駅へ向かう。そのままタクシーで台北や桃園空港へ直行もできる距離なので、お急ぎならその方向で。もし時間的に余裕があれば羅東の街歩きも楽しい。

駅前のロータリーあたりから賑やか。生活用品が売られている市場では、みんなスクーターに乗ったまま容赦なく突っ込んでくる。雑多な風景が楽しい。

直球なディスプレーに一瞬戸惑う魚や肉の屋台。そのローカル感あふれる光景に、興味は尽きない！

古い建物もいろいろある。

こんなところも要チェック！ **More must!**

12 三富休閒農場

ユズの花を氷砂糖で漬け込んだ甘いお茶も、アフタヌーンティーにぴったり。有機栽培なのでできる味わい方。甘さのあとの苦みが効いてる！

料理は五行の思想を取り入れた、健康に気遣ったメニュー。旬の食材をふんだんに使って体に優しい味を提供する。セットで300元／名。

宿のアイドルネコ、名前を「ワーバオ」。のんびり水飲みする姿に癒される。アフタヌーンティーをしていたら、もう1匹のネコと連れ立って偵察にき来ていた。かわいい！

ただ自然に触れるだけでなく、オーナーが教えてくれる一歩踏み込んだ自然解説がまた楽しい！ オーナーのお茶目さも癒し。

堆肥作りや蚊取りシステムなどいろいろな手作り設備がある。見た目だけではないエコ＆オーガニックな暮らしを実践。

お土産物店は小さいながらも、カエルアイテムが異様に多い。これはカエル好きには天国な空間。どこを見てもカエルばっかり。

データ **Data**

三富休閒農場
San-fu Leisure Farm
サンフー　レジャーファーム

羅東駅

宜蘭縣冬山郷中山村新寮二路 161 巷 82 號
TEL：+886-3-9588690 、+886-3-9588795
E メール：sanfufarm@gmail.com
http://www.sanfufarm.com.tw/

参考価格：ツインルーム 3,000 元〜（朝食付き）
チェックイン：15:00　チェックアウト：11:00

アクセス：
○台鉄「台北駅」から台鉄「羅東駅」まで。そこからタクシーで約 250 元（4 名まで乗車可能）。
○桃園空港からはタクシーで約 2,200 元、台北市内からは約 1,200〜1,400 元。

おいでませ！　台湾コーヒーの里。

青い壁が台湾らしい、ラブリーな山小屋風の宿泊施設。ビビッドピンクのブーゲンビリアも南の島ムードをもり立てる！

仙湖休閒農場

フェアリーレイク　レジャーファーム

13 仙湖休閒農場

左／カフェラテに付属してくるこの物体は、なんと干した龍眼！ここは龍眼も名産なり。なんともいえない甘さとのコラボ。ここならではのお味。　右／もったりした甘さの龍眼アイス。晴れた日に食べたい。

温かみがある部屋は自宅のようなくつろぎ感。山で遊んだ一日の疲れも、ぐっすり眠ればスッキリ。

アニメの世界にでも出てきそうな、ほんわかムードな屋外のカフェ屋台。ここしかないオリジナルメニューもたくさんあるので、なにかオーダーしてみよう。イスに座ってホッと一息。

ライチのシーズンは夏。シーズン中はライチ狩りも可能だ。春は龍眼のハチミツ、秋はミカンとコーヒー、冬はオレンジと一年中楽しめる。

13 仙湖休閒農場

放し飼いのニワトリが、自由にあちこち走り回る。なんてのどかで牧歌的な光景。香るコーヒーをたしなみながらニワトリを眺める……ほっこりムードに包まれる異世界感がツボ。いやしのひと時。

食材はすべてファームと地元農家産のものだけを使用。化学調味料を使わずシンプルに調理される料理は、素材がガッツリと感じられるピュアな味わい。かなり素朴、けれどもそこが美味なり。

13 仙湖休閒農場

　なぜコーヒー栽培か。その昔、日本政府がこの辺り一帯にコーヒーを植えたが、その後に政府が引き上げてから数十年、誰も管理をしないままに放置されていた。ほぼ野生に戻りかけていたコーヒーがリスや小鳥に山いっぱいに運ばれ、広範囲に根付く。それを現在のオーナーである呉森富さんがコーヒー園として手を入れよみがえらせたのが「仙湖」だ。それがおよそ20年前。たゆまぬ努力のかいあって、いまでは高品質で手に入りにくい希少価値の高いコーヒーとして定着している。

　「仙湖」のコーヒー作りのこだわりは、「龍眼の木の近くに植えること」だ。元々このあたりは龍眼を育てるのに適した場所。背の高い龍眼の木のふもとにコーヒーの木を植えることで、半日だけの日照でよいとされるコーヒーのひさし代わりにし、なおかつ「龍眼の根から成分が出て、それをコーヒーの木が吸い上げるので、香りが龍眼の芳香をほのかに纏うんです」とはオーナーの息子であり、コーヒーに並々ならぬ情熱を注ぐ呉侃薔さんの言葉。少し酸味を帯びた軽やかなコーヒーは濃厚すぎずに飲みやすい。無農薬で育てるので大変だが、それを曲げるつもりは毛頭ない。さらに呉侃薔さんは世界各地のコーヒーの味を学び、どん欲に開発を続けている。あふれでるコーヒー愛に、変わらぬ誠実な農業への姿勢。進化し続けるこのコーヒーの里で、豊かな香りと旬の味を楽しもう！

Model course こんなコースで巡ってみる！?

1日目

11:30ごろ
高鉄「台北駅」から新幹線で高鉄「嘉義駅」まで。約1時間半の工程。昼食は現地で食べてもいいが、ここは事前に用意して車窓をスパイスに旅情を堪能。

13:00ごろ
ファームに到着。チェックインまでの時間は、コーヒータイムとしてくつろいだり、散策したり！

13:30ごろ
「花蓮駅」到着。予約してあったシャトルバスに乗り込む。花蓮駅から新光兆豊までは約40分。手洗いなどは済ましておきたい。

15:00ごろ
チェックイン。旬のフルーツ狩りに出発！

四季折々の恵みがたわわになる豊かな山。旬のフルーツの味は格別だ。

ただひたすら木陰でのほほん。それもアリ。トリやブタが仲良くしているところを見ると和む。

夕陽もきれい。

18:00ごろ
地産地消のシンプルディナーを。食材の味を大切にした、素朴な料理の数々。

20:00ごろ
星空観測、もしくは早めの就寝。

2日目

09:00ごろ
朝食。ファームの木から採取されたコーヒーを、自分で挽いて飲める体験はぜひ！　う〜ん、いい朝。

いろいろなお土産も楽しみのひとつ！

11:00
チェックアウト。このまま帰路についてもいいが、興味があれば八田與一さんが築いた偉大なるダム「烏山頭水庫」や台南に寄り道しても。そこはもう気合いとお好みで！　プランを事前に宿の人に相談することも可能。

こんなところも要チェック！ *More must!*

13 仙湖休閒農場

コーヒー豆を自分で挽いてから飲む、という体験は大人気！　青空のもと、挽いた豆から淹れるコーヒーはまた格別の味わい。

暑くて昼寝ばかりしていた犬たち。手前の犬の名前は「ポルシェ」。イケイケな名前と裏腹に、おだやかな子でした。

山下を見下ろすプールだってあり。取材時は小さな女の子が家族と水遊びをしていた。水辺のベンチに腰掛けてリゾート気分！

コーヒーはアラビカ種のなかでも原種に近いとされている「ティピカ」を栽培。龍眼の木のそばで育て、日照条件や味を工夫している。

ここのコーヒーは品質が高いが生産量が少ないので、あまり市場には出回っていない。手に入れるならここに来るのがいちばん。

ファームへの道のりには果樹園が広がる。豊かな山の水で育てるのはオレンジ、ポンカン、ライチ、龍眼、コーヒーなど。季節によってさまざまに楽しむことができる。

データ *Data*

仙湖休閒農場
Fairy Lake Leisure Farm
フェアリーレイク　レジャーファーム

台南縣東山郷南勢里賀老寮一鄰 6-2 號
TEL：+886-6-6863635
E メール：senwho@gmail.com
http://www.senwho.com.tw/

参考価格：ツインルーム 3,500 元〜（朝食、夕食付き）
チェックイン：15:00　チェックアウト：11:00

アクセス：
○ファーム特約タクシーを予約できる。高鉄「嘉義駅」1 番出口発、もしくは台鉄「新營火車駅」発。どちらもファームまで約 30 〜 40 分。要予約。予約は電話 +886-6-6863635 まで。

珍しい植物や鳥を満喫!

ファームの中心にある大きな池に浮かぶ水上コテージは、自慢の宿泊施設。見た目も涼しげでリゾート! 池の中心にゴルフ打ちっぱなしの的があるのは、ちょっとドキドキ。

南元花園休閒農場

ナンユエン フラワーガーデンレジャーファーム

14 南元花園休閒農場

樹齢300年！のジンチョウゲをはじめ、多くの古い木々が植えられた並木道は見所のひとつ。木陰を歩く心地よさを味わいたい。

左／コテージの中はウッド調の正統派スタイル。窓から見える池や緑も美しく、落ち着けそうな雰囲気。水上コテージ以外に普通のホテルもあるのでご安心を。　右／別の池では鳥や動物たちが小島でのんび〜り。

流れる川らしきところでは、イカダ漕ぎが体験できる。ちょっとするとイカダがあっち行ってこっち行って、意外にバランスを取るのが難しそう。見た目とは裏腹にハードな運動になるかも。

広〜い芝生を、バギーカーで走るという遊びもあった。乗ってみるととても爽快！ ということでご興味のある方はお試しあれ。

14 南元花園休閒農場

200種ものツバキが並ぶ一角。一鉢ひと鉢愛情を込めて育てられている。薄ピンクに濃紅が差したものや、スタンダードな赤いもの、変形したものなど多種多様。ツバキファンにはたまらない花園。

左上・右上／愛玉作りや廃材を活かしたグッズ作りなど、さまざまなもの作りも体験できる。植木の刈り込みで出た木を再利用した鳥や踊る猿など、キュートな工作が楽しめる。　左下／花いっぱい。　右下／美しい水辺を10分ほどのプチクルーズ。

鳥・トリ・とり尽くし!な、各国から貴重な鳥を招き寄せたという鳥園も植物と同じくらいこだわっている。子どもに人気の小さな動物コーナーは、オーナーイチオシのエリア。エサをあげたりして触れ合いをどうぞ。

14 南元花園休閒農場

主体は多様な植物。30ヘクタールを超える敷地内には、約2000種の世界各地の珍しい植物が植えられている。森林エリアには20万株あまりの木々があり、珍しい品種ばかりをコレクトしたツバキ園も好きな人なら垂涎のラインナップだ。たくさんの動物にも会える。とくに鳥。毛のない「無鱗鶏」や、赤、青、緑に黒い帽子をかぶったような「黒頭乙女」など、世界中から珍種を集めたという。

植物、動物、体験型イベントなどどれもこれもに全力を傾けているので、そのごちゃ混ぜになったバラエティ感がどことなくいい感じでもあり、そこがこのファームの魅力なのだ。いうならば、まるで昔懐かしいアミューズメントスポットを彷彿とさせるというか……。とにかく、力いっぱいお客様を満足させようという姿勢、そこが愛おしく感じる。

ただしファームの運営、経営は大真面目でまったく妥協はない。ファームの植物を管理するのはほとんどが園芸や森林系の学科で学んだスタッフで、合理的かつ専門的にケアがなされている。またオーナー親子は常に新しい楽しみをお客様に提供したいと考え続けていて、まだまだファームは進化中とのこと。さてこのファームをどう楽しむか、自由な発想でユル〜くまったり、じっくりとトライしてほしい。

Model course こんなコースで巡ってみる！？

1日目

▶ **11:30ごろ**
高鉄「台北駅」から新幹線で高鉄「嘉義駅」まで。約1時間半の工程。昼を挟むので、ここはぜひ駅弁を買って乗り込みたい。どちらかというとヘルシーモダンな高鉄駅弁でも、昔ながらのスタンダード台鉄駅弁でも、お好きな方をゲットして。飲みものもお忘れなく。猛者は汁入り麺をテイクアウトして、持ち込んだりもしている。

▶ **13:00すぎ**
高鉄「嘉義駅」に到着。お腹いっぱいでいい気分。ここで予約してあったファームの送迎車に乗り換え。駅からファームまではスムーズに行けば約45分。手洗いなどは済ましておきたいところ。

▶ **14:00ごろ**
ファームに到着。まずチェックインして荷物を部屋に。そしてしばしの一休み。チェックイン時に園内マップをもらっておくと、このあとなにしよう！と、予定を考えながら休める。

▶ **14:30ごろ**
ファーム探索開始！ とにかくいろいろなものがあるので、ここは手当たり次第楽しんでみるのが吉！ あっという間に時間は過ぎて行く。

ハスの浮かぶ池の周囲を散歩。

珍鳥がいる鳥園を巡る。

小さな動物にエサをあげてみる。

木でかわいい動物オブジェ作り！

部屋でのんびり！

▶ **18:00ごろ**
ディナータイム。台南名物や宿自慢の料理をゆっくり堪能したい。エビごはんも美味。

▶ **20:00ごろ**
ファームをナイトウォーク。夜の花園もいいもの。植物は昼と夜で開いたり閉じたり顔が違ったりするので、その違いを観察するのも楽しい。

2日目

▶ **09:00ごろ**
朝食。食べたら散歩へ。朝、緑の中を歩くのはいい気持ち。贅沢な時間。

▶ **11:00**
チェックアウト。そのまま高鉄「嘉義駅」へ車で送ってもらう。そこから台北に帰ってもいいけれど、タクシーに乗り台鉄「嘉義駅」まで足を伸ばすのも乙。タクシーで約30分。

▶ **12:30ごろ**
台鉄「嘉義駅」に到着。まずは駅に大きな荷物を預けてから街歩きへ。嘉義で外したくないのは鶏肉飯！ 台湾中どこでも食べられる人気メニューだが、発祥はここ嘉義。本場の味をぜひ。どこで食べてもおいしいがこだわり派は元祖といわれる"噴水鶏肉飯"へどうぞ。

なぜこんなにおいしいのか、鶏肉飯。

▶ **17:00ごろ**
荷物をピックアップし、鉄道で台北へ。約3時間半の道のりなので台北には20時半ごろの到着。

こんなところも要チェック！ **More must!**

14 南元花園休閒農場

肩に乗って写真を撮るのがお仕事のインコ君。のはずなのに、係のお姉さんが好きすぎてずっと甘えていた。お姉さんの深い愛情を見た！

池に空と緑が写り込み、まるで磨いた鏡面のような美しさ。園内を歩けばいくつもの絶景スポットも見ることができる。

水辺が多く、散歩が心地よい。ところどころに動物たちがいるのも和みポイントが高い。目的なしにボーッとして歩きたい。

料理はサバヒーやエビ巻きなど、台南らしい名物メニューを堪能できる。山、海、平地、どこをとっても独特の名産のある嘉南の、豊かな恵みをたっぷりと使った美味に酔いしれよう。「羅李亮果」（ヤマトゲバンレイシのこと）で作ったここオリジナルのアイスはデザートにぜひ。不思議な甘さと香りで、とても珍しい。

データ **Data**

南元花園休閒農場
Nanyuan Farm
ナンユエン　フラワーガーデン　レジャーファーム

台南市柳營區果毅里南湖25號
TEL：+886-6-6990726
Eメール：nanyuan6990726@yahoo.com.tw
http://www.nanyuanfarm.com.tw/

参考価格：湖上コテージ1室（2名）6000元〜（二食付き。1,000元／名で宿泊人数を増やすことも可能。定員は1室4名まで）
チェックイン：15:00　チェックアウト：11:00

アクセス：
高鉄「台北駅」から高鉄「新營駅」まで行き、そこからファームまでは往復300元／名。　送迎は2名以上で予約可能。3日前までに要予約。
○台鉄「新營駅」からなら往復150元／名、「林鳳營駅」からは無料。　3日前までに要予約。送迎はすべて9:00〜16:00の間。
○高鉄「嘉義駅」からタクシーで約900〜1,000元（約40分）。台鉄「林鳳營駅」からタクシーで約400元（約25分）。台鉄「新營駅」から「黄2」のバスでも行くことができるが本数が少ないので注意。

※一部屋ごとに水上ゴルフのボール60球が無料で打てる。

激ウマ農家料理の夜と、パステルな朝。

見た目の愛らしい建物は宿泊施設。山中の坂道に並ぶ模型のような姿に、旅のウキウキ気分がぐっと高まること請け合い。

大坑休閒農場

ダーカン　レジャーファーム

15 大坑休閒農場

自慢料理はこの「破布子」というトリの漢方スープ。コトコト、コトコト、一つずつ炭火で様子を見ながら煮込まれる様を見ているだけでヨダレもの。じんわり体の底からあたたまる。

オーナーの祖父母である蔡おじいさんとおばあさんが、丹精込めた畑で取れた野菜をはじめ、すべて地のものだけで作られる。田舎ならではの心温まる味に、ぐんぐん箸が進む。満腹警報発令中！

一面のガラスには、濃厚な緑。フレーミングされた自然の絵画が癒しをもたらしてくれる。部屋タイプはヨーロッパの別荘風や山小屋風があるのでお好みでチョイス。写真はヨーロッパ風の一部屋。

石畳の上、山道の途中、あらゆるところでコケコッコーなニワトリたち。実に自由奔放にちょこまか走り回っている。人慣れしているのかあまり警戒心がないのか、たまに寄ってくる輩もいる。

15 大坑休閒農場

早起きしたら朝陽を見に行こう。坂道を登ったところに「景観楼」(展望台) がある。少しがんばってでもぜひ行っておきたいところ。

朝陽を見た帰りには、滑車でジャーッと滑り降りるのも。この爽快さ、楽しさは想像以上！ 大声を出して発散すれば自ずと元気がわいてくる。しかしこの滑車は手動。一度行ったら綱を手で引いて戻す。

必ずゲットしたいドライフルーツ。ここで育てた果物を、昔ながらの龍眼の木で燻す手法で丁寧に作っている。肉厚で大きなピースは一つのマンゴーから2枚しか取れないという贅沢なスライス法。

15 大坑休閒農場

元々は果物農家。代々続くこの地に根付いた農業一家だったが、オーナーである葵澄文さんが一念発起しレジャーファームへと舵を切った。それがここ「大坑レジャーファーム」だ。いまや食事が美味なる場所として知る人ぞ知る存在。オーナー夫婦にそのおじいさん、おばあさん、さらには夫婦の三姉妹（華やか！）まで、三代でファーム作りにいそしむ。

ここではすべての作物を無農薬で栽培している。家畜は放し飼い。ゆったりとした田舎暮らしの空気が漂う空間だ。自慢の料理は奇をてらわない、まさに田舎で食べるような、けれども都会では決してお目にかかれないワイルド＆シンプルなものばかり。この味を求めて訪れる人がいる、というのも納得のウマさである。ついつい食べ過ぎてしまうのはご愛嬌。その食べ過ぎ分を消化する意味も込めて、翌朝はアスレチックな朝日見学にGO！30度という割と急な坂を登りひたすら「景観楼」という展望台を目指す。早朝のヒヤリとした空気の中を歩くのは心地よく、辿り着いた場所から見える景色に疲れも吹き飛ぶ。

作物収穫の農業体験や、二泊するなら台南への観光手配も行っている。夜、バーで旬のフレッシュフルーツで作ったオリジナルカクテルを楽しみながら、星空を見たり……。ロマンチックなひとときを過ごすことができる。

Model course こんなコースで巡ってみる！？

1日目

▶ 09：00ごろ

台鉄「台北駅」から鉄道で「台南駅」まで。約4時間半と割と長時間の電車の旅になるので、駅弁、飲みもの、おやつは必須。車内販売もあるが売り切れということもままあるので、やはり乗車前に揃えておくと安心。

▶ 13：30ごろ

台鉄「台南駅」に到着。ここからファームへはタクシーで約40分。

▶ 14：30ごろ

ファームに到着。チェックイン前までブラブラ散策。

▶ 15：00ごろ

チェックイン。部屋で少しゆっくりしたら、動物とたわむれたり、山道を散歩したりして楽しむ。

屋外プールやSPA的なものも併設。宿泊者は無料で使うことができる。もちろん水着着用で。山泉を温めたお風呂だそう。

▶ 18：00ごろ

お待ちかね夕食の時間。旬の一期一会なメニューを堪能し尽くすべし！ 名物、トリの丸焼きもお忘れなく。

おばあさんが心を込めて育てた野菜を味わえる。

▶ 20：00ごろ

食後のバータイム。季節の恵みを取り入れた美しくも味わい深いカクテルで、すてきな夜に乾杯。ほろ酔い気分で就寝。

有機ローゼルを使ったカクテル「紅宝石」（ルビー）。旬の果物を使ったオリジナルカクテルが得意。リンゴの砂糖のせにファイヤー！

2日目

▶ 早朝

朝食前に、朝日を見に山道を行く。朝からハードな山歩きになるが、待ち受けるは絶景。4本の山道があるが、1時間で帰ってこられる道が疲れ過ぎずベター。

▶ 08：00ごろ

朝食。食前にたっぷり運動をしたので、朝ごはんがおいしい！ モリモリ食べて健康に。

▶ 09：00ごろ

一休み後、お土産購入タイム。ドライフルーツは必ず購入したい。マンゴーだけでなくグアバもフレッシュそのままの味が凝縮されていていいお味。

▶ 10：00

チェックアウト。タクシーを呼んでもらって台南へ戻る。約40分。

▶ 11：00ごろ

台南駅に到着。ここはやっぱりしばしの台南観光へ。ここでもう一泊しても、台北に帰っても。お好み次第。

台南駅近くにある成功大学の大木。

帆布のカバンを売る店も味がある。

観光スポットの孔子廟。願いごとを書いた札を捧げてみよう。

こんなところも要チェック！ **More must!**

15 大坑休閒農場

こんなに素朴な場所ながら、ちょっとお洒落なバーがある。ここを仕切るのはファームの長女さん。バーテンダーの資格を持つプロだ。

夕飯には採れたてハーブを使ったハーブティーが出てきた。フレッシュで強い香りに自然を感じる。

ずっとブイブイ鳴いていたイノブタたち。朝になって寝床から出され、元気一杯にウロチョロ。噛まれないよう見守るだけで。

ファームで採れた旬の作物を漬け込んだ手作りの瓶詰めや、面白い食材・調味料も販売されている。お土産を買うのが楽しみ！

オリジナル漬け物もおすすめ土産。農場産の恵をしっかりとした味で漬け込んだ漬け物は、煮物の調味料として使っても◎。

データ **Data**

大坑休閒農場
DAKENG LEISURE FARM
ダーカン　レジャーファーム

台南市新化區大坑里82號
TEL：+886-6-5941555
Eメール：daken@kimo.com
http://www.idakeng.com.tw/（日本語あり）

参考価格：ダブルルーム 3,800元～（朝食付き）
チェックイン：15:00　チェックアウト：10:00

アクセス：
○高鉄（新幹線）で高鉄「台南駅」まで約2時間。高鉄「台北駅」から「台南駅」まで鉄道で約4時間半。
○台南駅からはタクシーで約40分。台鉄「台南駅」からならバス興南客運で台南・虎頭図を経由して、岡林バス停で下車。

台南駅
高鉄台南駅
（沙崙駅）

絶品！　チョコと、エビと、海鮮と。

台湾南部の港「東港」名産のサクラエビを、チョコにイン。香味と甘味のハイパーコラボは、ふんだんに入ったナッツとの相性も抜群だ。福湾オリジナルの名物チョコ。

福灣莊園

フーワンリゾート

16 福灣莊園

工房は常時チョコ作りに適した18度に設定。化学材料は極力使わず、地元・屏東の食材にこだわりチョコとの融合を図る。「ここにしかない」ものが目白押し。

UIBC（世界洋菓子・パン連盟）製菓コンクールやibaカップ（パン、製菓の世界大会）などで入賞の実力を持つパティシエが考案するチョコは、どれも輝く美しさとおいしさ。

チョコの手作り体験も可能。好きな形にしたチョコに、好きなものをトッピング。箱付きなのでギフトにも！　1日3回開催されていて、1時間前までの予約で参加可能。250元／名。

左／ここ屏東産のカカオはとても質がよいそう。このカカオと厳選した輸入物をほどよくブレンド。工房ではカカオティーのウェルカムドリンクもあり、チョコ好きには天国。　右／楽しいチョコの手作り体験。

16 福灣莊園

左／オーナーの許峰嘉さん（右）はダンス好きなダンディ。パティシエ兼料理人の息子、許華仁さんは台湾トップ級の料理学校を首席卒業した実力派。　右／部屋はスタイリッシュ！

宿泊施設はコテージやヴィラで緑美しい庭園に点在。建物はすべてエコ設計。屋根や窓の素材や構成を工夫し屋内温度を27度に保つ。取材当日も国内外からの客人で満室だった。

料理は基本、お任せコース。1. スパイシーでとろけるようなマグロの前菜。 2. 宝石のような野菜プレート。 3. 絶品、サクラエビご飯！ 4. 新鮮マグロを野菜ダシで。

16 福灣莊園

　高雄よりももっと南、常夏の屏東はまさに南国、台湾屈指のリゾート地。そのなかでも漁港近くに位置し、新鮮魚介を使った美味なる料理＆スイーツが堪能できると注目の場所が、ここ「福湾」だ。新鮮魚介だけならばほかの港町でも食べられる。しかし、あえてこの場所が人気なのは、ここでしか食べられない創意に満ちたグルメが待ち受けているからにほかならない。

　たとえば近くの東港はマグロの水揚げが有名で、それが手に入ったときシェフの才能がきらめく。マグロとカジキ、野菜たっぷりを煮込んだ出汁で味わうマグロ出汁漬けや、生のクロマグロにイタリアとスペインのスパイス、少々の自家製スパイスで味つけた一品など…。同じ素材も違う手法で意匠を凝らして味わうことができる。滋味深いチャーハンの上に大量のサクラエビがのった「サクラエビご飯」も贅沢だ。サクラエビは東港の名産で、それを使ったホワイトチョコレートもここならではのオリジナルスイーツ。これをおみやげに渡せば話のネタになること間違いなし！毎朝の仕入れによってメニューが変わるので、一期一会の旬と工夫が楽しめる。

　だがグルメ一辺倒とあなどるなかれ。緑豊かな庭園や常に快適な温度に保たれたエコ設計な建物、ヴィラ形式のホテルなど、ちょっとオシャレに農村生活を味わえる気軽さも実は大きな魅力なのだ。

Model course こんなコースで巡ってみる！？

1日目

▶ 09:00ごろ

高鉄で台北駅から左営（高雄）駅まで約2時間で到着。

▶ 12:00ごろ

左営駅到着。2号か3号出口より、「墾丁」行きの快線（急行）に乗り「大鵬湾駅」で下車。鉄道を乗り換えて最寄りの「林辺駅」まで行っても。

▶ 13:00ごろ

最寄りの大鵬湾駅到着。ここでホテルに連絡して迎えに来てもらうが、予約時に何時頃到着すると伝えておく方がベター。

▶ 13:30ごろ

ホテル到着！ チェックインとともに、まず手作りチョコレートの予約もしておこう。1時間前までの予約で当日でも参加可能だ。

チョコレート作り開始までホテルの庭園内を散歩したり、釣り堀で魚釣りをしても楽しい。もしくは自転車をレンタルして周辺の村をサイクリング！ 周囲には稲、アズキ、レンブの田んぼや畑。台湾でも南部に位置する屏東の冬はまさに南国。

▶ 16:00ごろ

名物エビチョコの手作りに参加。ここでしかお目にかかれないエビチョコを、好きな形に作っちゃおう。きれいなボックスに入れて旅のおみやげに。約30分で作れる。

▶ 17:00ごろ

再びレンタサイクルで周辺散策。天気が良ければ湾に沈む夕日を見ることができる。暗くなる前には帰りたい。

▶ 19:00ごろ

味も見た目も美しい、地の新鮮魚介を使ったディナーを心行くまで味わう。スタイリッシュな空間で、贅沢なひととき。食後は庭園を散歩して夜空を眺めて、まったりと。

2日目

▶ 早朝

ちょっと早起きしたら、近くの市場へGO。「東港華僑市場」はマグロとサクラエビが有名。そのほかちょっと足を伸ばして「東隆宮」にお参りもいかが。

▶ 11:00

チェックアウト。荷物を預かってくれるのでこのまま周辺探索を続けてもいいし、高雄に出て街歩きを楽しんでも乙なもの。高雄では旗津へのフェリープチ旅行や夕方頃からは観光夜市がおすすめ。旗津はレンタサイクルで回ると気持ちいい！ 高雄泊でも、台北に帰ってもお好みで。

こんなところも要チェック！ **More must!**

16 福灣莊園

港町らしく、オリジナルコスメも魚エキス入り。使い心地サラサラで来るとこれをダース買いしていくファンもいるとか。お試しの価値あり。

サクラエビ以外にも、季節のフルーツを使ったものやさまざまな台湾らしいチョコが目白押し。宝石のように輝くチョコ、全部試してみたい！

カカオ成分入りの石鹸はほんのりチョコの香り。うっかり食べたくなるほど愛らしいフォルムは贈り物にもよさそう。

データ **Data**

福灣莊園
Fu Wan Resort
フーワンリゾート

屏東縣東港鎮大鵬路100號
TEL：+886-8-8320111
Eメール：villafuwan@gmail.com
http://www.fuwan.com.tw/
参考価格：ダブルルーム 4,800元〜（2名分の朝食付き）
チェックイン：14:00　　チェックアウト：11:00

アクセス：
◎高鉄「左營駅」2号もしくは3号出口より、「墾丁」行きの快線に乗り、朝9時から夜7時半まで30分に1便、「大鵬湾駅」（渋滞でなければ約45分）で下車後、福湾に連絡をすれば迎えに来てくれる。通知後約10分で到着。

※レストランは食事だけでの利用も可。コースは1,000〜5,000元（要事前予約）。アラカルトメニューも用意されている。コンチネンタルスタイルのアフタヌーンティーもあり。

レジャーファーム予約のコツ

その1　自分で予約する場合

日本からレジャーファームを個人で予約するのは、実は少し手間がかかる。大体はそれぞれのホームページからオンライン予約が可能になっているが、たまに電話でしか予約できないところもあったりして難易度は高い。一度ホームページを見てみて、難しそうならまずはメールで問い合わせてみるのがベター。電話予約オンリーの場合もメールで聞いてみよう。日本（海外）からということを伝えるとスムーズかも。

このように、ホームページ上に「訂房」という文字があれば、そこから部屋を予約できるということ。まずはこのアイコンがあるか探そう。

ほかの項目の中にこの「訂房」が隠れている場合もある。カーソルを合わせると出てくる。「線上服務」や「住」などの漢字があるところに隠れていることが多いのでお試しを。

その2　レジャーファームの日本事務所に聞く

自分で予約するのはお手上げ！　という人は、レジャーファームの日本事務所に聞く、という方法もある。情報が豊富で、本書に載っていないこともいろいろと教えてくれる。

台湾レジャー農業発展協会東京事務所
TEL：03-5394-0711
http://www.city-jpn.com/

部屋の予約時にわかると心強いミニミニメモ。台湾は漢字が伝わるので日本人としては取っ付きやすい。メールや筆談、またはホームページ閲覧の際のご参考に！

訂房	部屋の予約	信用卡	クレジットカード
客房	客室	匯款	送金
房型	部屋タイプ	入住日	チェックイン日
標準房	スタンダードルーム	退房日	チェックアウト日
床型	ベッドのタイプ	進房時間	チェックイン時間
定價	定価	退房時間	チェックアウト時間
特價	特価	早餐	朝食
房客	宿泊客	取消	キャンセル
須知	お知らせ	附贈○○	○○付き
線上	オンライン	加床	ベッドの追加

○監修／台湾レジャーファーム発展協会、シティトラベルサービス(株)
○編集／台湾大好き編集部
○撮影／野村正治、台湾大好き編集部（一部）
○装丁・デザイン・マップ制作／横田光隆
○写真提供／各レジャーファーム
○スペシャルサンクス／取材、撮影にご協力くださった、すべてのファームのみなさま、関係者の方々
○協力／シティトラベルサービス（TEL：03-5394-0888　http://www.city-jpn.com）

感謝 台灣行政院農業委員會 指導　　　　　　　　　　　　　　　　NDC 292

旅のリピーターに捧ぐ！　食、伝統、自然、人情、すべてが詰まった穴場スポットへ！
ほっこり、台湾レジャーファームの旅

2016年7月28日 発行

編　者	台湾大好き編集部
発行者	小川雄一
発行所	株式会社 誠文堂新光社
	〒113-0033　東京都文京区本郷 3-3-11
	［編集］電話 03-5800-5779
	［販売］電話 03-5800-5780
	http://www.seibundo-shinkosha.net/
印刷・製本	株式会社 ルナテック

©2016,Taiwan Leisure Farms Development Association（T.I.F.D.A）
Printed in Japan
検印省略

落丁、乱丁本は、お取り替えいたします。本書のコピー、スキャン、デジタル化等の無断複製は、著作権法上での例外を除き、禁じられています。本書を代行業者等の第三者に依頼してスキャンやデジタル化することは、たとえ個人や家庭内での利用であっても、著作権法上認められません。

Ⓡ〈日本複製権センター委託出版物〉
本書を無断で複写複製（コピー）することは、著作権法上での例外を除き、禁じられています。本書をコピーされる場合は、事前に日本複製権センター（JRRC）の許諾を受けてください。
JRRC〈http://www.jrrc.or.jp　eメール：jrrc_info@jrrc.or.jp　電話：03-3401-2382〉

ISBN978-4-416-91602-5